लीडर के
21
अनिवार्य गुण

लीडर के 21 अनिवार्य गुण

जॉन सी. मैक्सवेल

अनुवाद : डॉ. सुधीर दीक्षित

मंजुल पब्लिशिंग हाउस

मंजुल पब्लिशिंग हाउस

कॉरपोरेट एवं संपादकीय कार्यालय

● द्वितीय तल, उषा प्रीत कॉम्प्लेक्स, 42 मालवीय नगर, भोपाल–462003
विक्रय एवं विपणन कार्यालय
● सी-16, सेक्टर 3, नोएडा, उत्तर प्रदेश - 201301, इंडिया
वेबसाइट : www.manjulindia.com
वितरण केन्द्र
अहमदाबाद, बेंगलुरू, भोपाल, कोलकाता, चेन्नई,
हैदराबाद, मुम्बई, नई दिल्ली, पुणे

जॉन सी. मैक्सवेल द्वारा लिखित मूल अंग्रेजी पुस्तक
द 21 इनडिस्प्युटेबल क्वालिटीज़ ऑफ़ अ लीडर का हिन्दी अनुवाद

यह हिन्दी संस्करण 2012 में पहली बार प्रकाशित
7वीं आवृत्ति 2020

थॉमस नेल्सन (हार्परकॉलिन्स क्रिस्चियन पब्लिशिंग इनकॉरपोरेटिड का प्रभाग)
के सहयोग से प्रकाशित

ISBN 978-81-8322-263-1

हिन्दी अनुवाद : डॉ. सुधीर दीक्षित

विषय-सूची

आभार

मैं थॉमस नेल्सन के सभी लोगों को धन्यवाद देना चाहता हूँ, जो हमेशा बड़ी मेहनत से मेरी पुस्तकों पर बेहतरीन काम करते हैं।

मैं इनजॉय ग्रुप के स्टाफ़- अपनी प्रशासकीय सहयोगी लिंडा एगर्स, शोध सहयोगी ब्रेन्ट कोल और प्रूफ़रीडर स्टीफ़ेनी वेट्ज़ेल- को धन्यवाद देता हूँ, जिन्होंने इस पुस्तक के मूल स्वरूप का कायाकल्प करके इसे इतना बेहतर बनाया।

और मैं अपने लेखक चार्ली वेट्ज़ेल को भी ज़रूर धन्यवाद दूँगा, जो अपने कार्य द्वारा मेरे समय और प्रभाव को कई गुना बढ़ा देते हैं।

प्रस्तावना

लोग किसी लीडर का अनुसरण क्यों करना चाहते हैं? लोग एक लीडर की बात अनिच्छा से क्यों मानते हैं, जबकि दूसरे के पीछे पूरे जोश के साथ धरती के दूसरे छोर तक जाने के लिए तैयार क्यों रहते हैं? नेतृत्व के सैद्धांतिक जानकारों और असली दुनिया में सफलतापूर्वक नेतृत्व करने वाले लीडर्स में क्या अंतर होता है? जवाब लीडर के चारित्रिक गुणों में छिपा है।

क्या आप जानते हैं कि आपमें बेहतरीन लीडर बनने के लिए आवश्यक वे गुण हैं या नहीं, जिनकी बदौलत लोग खिंचे चले आते हैं और बड़े-बड़े काम संभव हो जाते हैं? मेरा मतलब है, यदि आप अपने भीतर गहराई में झाँककर देखें, तो क्या आपको वे गुण मिलेंगे, जिनकी मदद से आप अपने सबसे बड़े सपने साकार कर सकते हैं? यह एक ऐसा सवाल है, जिसे ईमानदारी से पूछने- और जवाब देने- का साहस हममें से प्रत्येक में होना चाहिए, क्योंकि तभी हम अपनी सच्ची संभावना को साकार कर सकते हैं।

मैंने यह पुस्तक इसलिए लिखी है, ताकि आप उन व्यक्तिगत गुणों को पहचान सकें, विकसित कर सकें और बढ़ा सकें, जिनकी ज़रूरत आपको सचमुच प्रभावी लीडर बनने के लिए होती है- ऐसा लीडर, जिसका लोग खुशी-खुशी अनुसरण करना *चाहें*। यदि आप *द 21 इररिफ्यूटेबल लॉज़ ऑफ़ लीडरशिप* पढ़ चुके हैं, तो आप जान चुके होंगे कि लीडर बनने में समय लगता है। प्रक्रिया का नियम कहता है कि नेतृत्व क्षमता का विकास एक दिन में नहीं, बल्कि हर दिन होता है। नेतृत्व के नियम सीखना लीडर के विकास का एक हिस्सा है, क्योंकि इसी तरह आपको यह पता चलता है कि लीडर कैसे काम करता है। लेकिन यह बात हमेशा याद रखें कि नेतृत्व के नियमों को *समझना* और उनका *पालन* करने में फ़र्क़ होता है; ये दो भिन्न-भिन्न गतिविधियाँ हैं।

कुछ समय पहले मैं अपने मित्र बिल फ़्रीमैन से बात कर रहा था। वे वाटकिन्स एसोसिएटेड इंडस्ट्रीज़, इंक. के प्रेसिडेंट हैं, जो अमेरिका में निजी स्वामित्व वाली सबसे बड़ी निजी ट्रक कंपनी है। बिल एक ज़बर्दस्त एक्ज़ीक्यूटिव हैं और सभी अच्छे लीडर्स की तरह ही वे भी लगातार सीखने और बेहतर बनने के तरीक़े खोजते रहते हैं।

द 21 इरररिफ़्यूटेबल लॉज़ ऑफ़ लीडरशिप के बारे में उन्होंने मुझसे कहा, "मैंने आपकी पुस्तक आधी पढ़ ली है। इसका मुझ पर काफ़ी असर हो रहा है।" फिर उन्होंने एक ऐसी बात कही, जिसका *मुझ* पर काफ़ी प्रभाव पड़ा। उन्होंने कहा, "मैं आपको बताता हूँ कि मैं इसे किस तरह पढ़ रहा हूँ। हर सुबह मैं पुस्तक का एक अध्याय पढ़ता हूँ और दिन भर उसी नियम के बारे में मनन करता रहता हूँ। काम करते वक़्त मैं अपनी ओर देखकर पूछता हूँ, लीडरशिप के इस नियम के संदर्भ में मेरा प्रदर्शन कैसा है? अपने ऑफ़िस के लोगों को देखकर मैं मन ही मन सोचता हूँ कि क्या वे इसका अभ्यास कर रहे हैं। उस नियम के आधार पर मैं अपनी पूरी कंपनी का आकलन करता हूँ, अवलोकन करता हूँ, मूल्यांकन करता हूँ और चिंतन-मनन करता हूँ। हर सुबह अगला नियम आ जाता है। यह आँखें खोलने वाला अनुभव है।"

बिल की बात सुनकर मैं उत्साहित हो गया। सच कहूँ तो उनकी टिप्पणियों की बदौलत ही मुझे यह पुस्तक लिखने की प्रेरणा मिली। वे अपनी नेतृत्व क्षमता के विकास के लिए अंदर से बाहर की नीति अपना रहे हैं, जैसी कि हर व्यक्ति को अपनानी चाहिए। लीडर्स अपने आंतरिक स्वरूप के कारण प्रभावी होते हैं - वे गुण, जो उन्हें उस क़ाबिल बनाते हैं। नेतृत्व के सर्वोच्च स्तर पर पहुँचने के लिए हर व्यक्ति को इन गुणों का विकास अंदर से बाहर की ओर करना चाहिए।

बिल से बातचीत करने के बाद मैंने अपनी जान-पहचान के उन सर्वश्रेष्ठ लीडर्स के गुणों के बारे में विचार किया, जिनका लोग सचमुच अनुसरण करना चाहते हैं। मैंने ऐसे गुणों की तलाश शुरू की, जो उन सभी में हों। मैंने अन्य लीडर्स से बात की और उनके विचार सुने। इसके अलावा, मैंने इतिहास पर अपनी छाप छोड़ने वाले लीडर्स का भी गहन अध्ययन किया। अंततः मैं 21 गुणों की सूची बनाने में कामयाब हो गया,

जो सभी महान लीडर्स में मिलते हैं। इस पुस्तक में इन्हीं गुणों का वर्णन और विश्लेषण किया गया है। मैं चाहता हूँ कि इस पुस्तक को *द 21 इररिफ़्यूटेबल लॉज़ ऑफ़ लीडरशिप* की पूरक के रूप में पढ़ा जाना चाहिए।

इस पुस्तक को शुरू करते वक़्त आपको लग सकता है कि आप बड़ी आसानी से एक ही बैठक में कई अध्याय पढ़ सकते हैं। हो सकता है कि आप एक ही बैठक में पूरी पुस्तक ख़त्म करने की क्षमता भी रखते हों। *लेकिन ऐसा हर्गिज़ न करें।* पाठकों के लिए यह पुस्तक बहुत सोच-समझकर तैयार की गई है, जिसकी एक योजना और एक रणनीति है। इसे उसी तरह पढ़ें, जिस तरह बिल फ़्रीमैन पढ़ते हैं- सुनियोजित और रणनीतिक रूप से।

मैं आपसे आग्रह करता हूँ कि आप कुछ समय तक इस पुस्तक के साथ जुड़े रहें। एक अध्याय पढ़ें और फिर उसे कुछ समय दें। उस पर मनन करें, उसकी समीक्षा करें, उसका विश्लेषण करें। आप जिस गुण का अध्ययन कर रहे हैं, अगर वह आपके जीवन का कमज़ोर क्षेत्र हो, तो अगले अध्याय की ओर बढ़ने से पहले उसे बेहतर बनाने में थोड़ा समय लगाएँ। यह प्रक्रिया आप एक ही साल में कई बार भी दोहरा सकते हैं, ताकि आपके चरित्र का हर गुण बिलकुल पक्का हो जाए।

हर चीज़ लीडरशिप पर निर्भर करती है। हर चीज़ लीडरशिप के साथ उठती और गिरती है। और लीडरशिप वास्तव में *अंदर* से *बाहर* की ओर विकसित होती है। यदि आप अंदर से वैसे लीडर बन सकें, जैसा आपको होना चाहिए, तो आप *बाहर* से अपने आप वैसे लीडर बन जाएँगे, जैसे आप बनना *चाहते* हैं। तब लोग खुशी-खुशी आपका अनुसरण करना चाहेंगे। और अगर ऐसा हो जाता है, तो आप इस संसार की किसी भी चीज़ को सुलझा सकते हैं।

चरित्र :
चट्टान की तरह दृढ़ बनें

नेतृत्व लोगों को किसी साझे लक्ष्य की दिशा में एकजुट करने की क्षमता और इच्छा है... साथ ही, यह दृढ़ चरित्र भी है, जो लोगों में विश्वास जगाता है।

– बरनार्ड मॉन्टगोमेरी,
अँग्रेज़ फ़ील्ड मार्शल

"क्षणिक शांति या राहत पाने की ख़ातिर"
अपने ख़ुद के अनुभव या विश्वासों को कभी मत नकारो।

– डग हैमरस्कोल्ड,
कूटनीतिज्ञ और नोबल शांति पुरस्कार विजेता

सब कुछ दाँव पर लगाना

अगर आपने छोटे हवाई अड्डों से यात्रा की है या आपको कंपनी के हवाई जहाज़ों में सफ़र करने का काफ़ी अनुभव है, तो संभवतः आपने लियर जेट देखा होगा या फिर उसमें उड़ान भरी होगी। मुझे एक-दो बार इसमें यात्रा करने का अवसर मिला है और यह बहुत ही अविस्मरणीय अनुभव होता है। लियर जेट्स बहुत छोटे- जिनमें केवल पाँच-छह यात्री ही बैठ सकते हैं- और बहुत तेज़ होते हैं। ऐसा लगता है, मानो आप जेट इंजन लगी किसी सँकरी नली में चढ़ रहे हों।

मुझे स्वीकार करना होगा कि लियर जेट में उड़ान भरने का समूचा अनुभव बहुत आनंददायक होता है। बहरहाल, सबसे बढ़िया बात यह है कि इसमें समय बहुत बचता है। मैंने लाखों मील की हवाई यात्रा की है और मुझे हवाई अड्डे की लंबी दूरी तय करने, किराए की कार लौटाने, शटल्स, ख़ूब भीड़-भाड़ और अंतहीन विलंब जैसी चीज़ें झेलने की आदत है। सच कहूँ, तो समय के संदर्भ में हवाई यात्रा कई बार दुःस्वप्न जैसी लग सकती है। लेकिन जब आप लियर जेट में यात्रा करते हैं, तो समय आधे से भी कम हो जाता है।

इस अद्भुत हवाई जहाज़ के आविष्कारक का नाम था बिल लियर। आविष्कारक, विमान-चालक और व्यवसायी लियर के पास 150 से अधिक पेटेंट थे, जिनमें ऑटोमैटिक पायलट, कार रेडियो और आठ ट्रैक वाले टेप्स शामिल थे (आप इन सबसे नहीं जीत सकते)। लियर में पथप्रदर्शक की सोच थी और 1950 के दशक में भी वे छोटे कॉर्पोरेट जेट्स के निर्माण की संभावना को भाँप सकते थे। अपने सपने को साकार करने में उन्हें कई साल लग गए। अंततः 1963 में पहले लियर जेट ने उड़ान भरी, जिसमें कहीं कोई समस्या नहीं आई। 1964 में उन्होंने पहला जेट बनाकर ग्राहक को दे दिया।

सफलता ने तुरंत लियर के क़दम चूमे और उनके कई जेट्स तत्काल बिक गए। लेकिन कुछ ही समय बाद लियर के बनाए दो जेट्स रहस्यमयी परिस्थितियों में दुर्घटनाग्रस्त हो गए। उनके हाथ के तोते उड़ गए। उस वक़्त तक 55 लियर जेट बिक चुके थे और लियर ने तत्काल

सभी मालिकों को यह ख़बर भेज दी कि वे अपने जेट में तब तक उड़ान न भरें, जब तक कि वे अपनी टीम के साथ मिलकर यह पता नहीं लगा लेते कि दुर्घटनाएँ क्यों हुई थीं। उन्हें इस बात की चिंता नहीं थी कि यह क़दम उठाने से मीडिया में कितना विपरीत प्रचार हो सकता है। उनके लिए तो ज़्यादा महत्त्वपूर्ण यह था कि ऐसा न करने पर कहीं और हादसे न हो जाएँ।

उन अभागी उड़ानों पर शोध करने के बाद लियर ने एक संभावित तकनीकी कारण खोज लिया, लेकिन उसकी सच्चाई की पुष्टि ज़मीन पर नहीं हो सकती थी। असल समस्या पकड़ में आई है या नहीं, यह जानने का एक ही पुख़्ता तरीक़ा था। उन्हें उस समस्या को स्वयं उत्पन्न करना था– हवा में उड़ान भरते समय।

यह एक ख़तरनाक प्रक्रिया थी, लेकिन उन्होंने यही किया। जब उन्होंने अपने जेट में उड़ान भरी और वह समस्या जान-बूझकर उत्पन्न की, तो जेट अनियंत्रित हो गया। उनका भी वही हश्र होते-होते बचा, जो बाक़ी दो पायलट्स का हुआ था। लेकिन चूँकि वे समाधान जानते थे, इसलिए उन्होंने जेट पर दोबारा नियंत्रण पा लिया और इस तरह ख़राबी की पुष्टि कर ली। ज़मीन पर सकुशल उतरने के बाद लियर ने समस्या को सही करने के लिए एक नया कलपुर्ज़ा बनाया और उसे तब तक बिके सभी पचपन हवाई जहाज़ों में लगाकर ख़तरे की आशंका ही ख़त्म कर दी।

हवाई जहाज़ों को ज़मीन पर खड़ा रखने के आग्रह से लियर को काफ़ी आर्थिक नुक़सान हुआ। और इसकी वजह से संभावित ग्राहकों के मन में शंका भी उत्पन्न हुई। फलस्वरूप उन्हें अपना व्यवसाय दोबारा जमाने में दो साल का समय लग गया। लेकिन लियर को अपने निर्णय पर कभी अफ़सोस नहीं हुआ। दुर्घटनाओं की रहस्यमय गुत्थी को सुलझाने के लिए वे अपनी सफलता, अपनी दौलत और यहाँ तक कि अपनी ज़िंदगी को भी दाँव पर लगाने को तैयार थे। वे अपनी ईमानदारी या अखंडता को छोड़ने के लिए तैयार नहीं थे, चाहे उन्हें इसकी कोई भी क़ीमत क्यों न चुकानी पड़े। और इसके लिए चरित्र की आवश्यकता होती है।

विस्तृत विवरण

कोई लीडर जीवन की परिस्थितियों से कैसे निबटता है, इससे आपको उसके चरित्र संबंधी कई चीज़ें पता चल जाती हैं। संकट से चरित्र हमेशा नहीं बनता है, लेकिन इसमें वह निश्चित रूप से प्रकट होता है। विपत्ति वह दोराहा है, जहाँ व्यक्ति दो में से किसी एक राह को चुनने के लिए मजबूर हो जाता है : चरित्र या समझौता। जब भी वह चरित्र को चुनता है, तो हर बार वह ज़्यादा मज़बूत हो जाता है, भले ही उस चयन के नतीजे नकारात्मक हों। जैसा नोबल पुरस्कार विजेता लेखक अलेक्ज़ेंडर सोल्झेनिटसिन ने कहा है, "पृथ्वी पर अस्तित्त्व का अर्थ दौलतमंद बनना नहीं है, जैसा कि हम आजकल सोचने लगे हैं, बल्कि आत्मा का विकास है।" चरित्र का विकास हमारे विकास के केंद्र में है – केवल लीडर्स के रूप में ही नहीं, बल्कि मनुष्य के रूप में भी।

हर व्यक्ति को चरित्र के बारे में कौन सी बातें मालूम होनी चाहिए ?

1. चरित्र सिर्फ़ शब्दों से नहीं बनता है

कोई भी ख़ुद को ईमानदार कह सकता है, लेकिन कार्य ही चरित्र के वास्तविक सूचक होते हैं। आपका चरित्र ही यह तय करता है कि आप दरअसल कौन हैं। आप कौन हैं, इसी बात से यह तय होता है कि आप क्या देखते हैं। आप क्या देखते हैं, उसी से यह तय होता है कि आप क्या करते हैं। इसीलिए आप लीडर के चरित्र को उसके कार्यों से कभी अलग नहीं कर सकते। यदि लीडर के कार्य और कथन एक-दूसरे के निरंतर विरोध में हों, तो वास्तविकता का पता लगाने के लिए उसके चरित्र की ओर देखें।

2. प्रतिभा एक वरदान है, जबकि चरित्र एक चयन है

जीवन में बहुत सी चीज़ों पर हमारा कोई नियंत्रण नहीं होता। हम अपने माता-पिता को नहीं चुन सकते। हम अपने जन्म और परवरिश की जगह या परिस्थितियाँ नहीं चुन सकते। हम अपनी प्रतिभा या आईक्यू को नहीं

चुन सकते। लेकिन अपने चरित्र का चुनाव हम खुद करते हैं। वास्तव में, हम जब भी कोई चयन करते हैं, तो हम हर बार अपने चरित्र का निर्माण करते हैं- या तो हम किसी मुश्किल स्थिति से मुक़ाबला करते हैं या इससे बचकर निकल जाते हैं; या तो हम सत्य को तोड़ते-मरोड़ते हैं या फिर इसका बोझ उठाकर अटल खड़े रहते हैं; या तो हम आसानी से मिलने वाला धन ले लेते हैं या फिर हम क़ीमत चुकाते हैं। अपना जीवन जीते और चयन करते समय आज भी आप अपने चरित्र का निर्माण कर रहे हैं।

3. चरित्रवान होने से ही लोगों के साथ सफलता मिलती है

सच्चे नेतृत्व में हमेशा दूसरे लोग शामिल होते हैं। (जैसी कि नेतृत्व की एक कहावत है, अगर आप सोचते हैं कि आप नेतृत्व कर रहे हैं, लेकिन कोई भी आपका अनुसरण नहीं कर रहा है, तो आप सिर्फ़ टहल रहे हैं।) अनुयायी उन लीडर्स पर विश्वास नहीं करते हैं, जिनका चरित्र उन्हें दोषपूर्ण लगता है। इसलिए वे उनका अनुसरण भी नहीं करेंगे।

4. लीडर्स अपनी चारित्रिक सीमाओं के ऊपर नहीं उठ सकते

क्या आपने कभी देखा है कि बहुत से प्रतिभाशाली लोग एक निश्चित स्तर की सफलता हासिल करने के बाद अचानक धड़धड़ाकर गिर गए? इसका मूल कारण है चरित्र। हार्वर्ड मेडिकल स्कूल के मनोवैज्ञानिक और *द सक्सेस सिन्ड्रोम* के लेखक स्टीवन बरग्लेस कहते हैं कि जो लोग ऊँचे शिखर पर तो पहुँच जाते हैं, लेकिन उनके पास तनाव के बीच शक्ति देने वाली चारित्रिक नींव नहीं होती है, वे दरअसल तबाही की ओर बढ़ रहे हैं। स्टीवन मानते हैं कि ऐसे लोग इन चार चीज़ों में से किसी एक या उससे अधिक की ओर बढ़ने के लिए अभिशप्त होते हैं : *अहंकार, अकेलेपन की कष्टकारी भावनाएँ, विनाशकारी रोमांचप्रियता या विवाहेतर संबंध।* इनमें से प्रत्येक के भयंकर परिणाम होते हैं, लेकिन चारित्रिक कमज़ोरी की यह क़ीमत तो आपको चुकानी ही पड़ती है।

इस पर विचार करना

अगर आप बरग्लेस की बताई चार चीज़ों में से किसी में भी फँसे हुए हों, तो टाइम-आउट माँग लें। अपनी सफलता के दबाव से बाहर निकलने के लिए हरसंभव प्रयास करें और पेशेवर सहायता लें। यह न सोचें कि जिस खाई में आप फँसे हुए हैं, वह समय गुज़रने, अमीर बनने या प्रतिष्ठा बढ़ने के साथ अपने आप ओझल हो जाएगी। चरित्र की जिन दरारों पर ध्यान नहीं दिया जाता, वे समय के साथ ज़्यादा गहरी और विनाशकारी होती जाती हैं।

यदि आप इन चार क्षेत्रों में से किसी में भी संघर्ष नहीं कर रहे हैं, तब भी आपको अपनी चारित्रिक अवस्था की जाँच-पड़ताल करनी चाहिए। ख़ुद से पूछें कि क्या आपके शब्द और कार्य समान रहते हैं- हर वक़्त। जब आप कहते हैं कि आप कोई काम पूरा करेंगे, तो क्या आप हमेशा उसे समय पर पूरा करते हैं? यदि आप अपने बच्चों से कहते हैं कि आप उनके कविता वाचन के कार्यक्रम या फ़ुटबॉल मैच में पहुँच जाएँगे, तो क्या आप वहाँ सचमुच पहुँचते हैं? क्या लोग आपके मौखिक वादे पर क़ानूनी अनुबंध जितना भरोसा कर सकते हैं?

घर पर, ऑफ़िस में और समुदाय में लोगों का नेतृत्व करते वक़्त यह बात हमेशा याद रखें कि आपका चरित्र ही आपकी सबसे महत्वपूर्ण पूँजी है। मिड पार्क, इंक. के प्रेसिडेंट जी. एलन बरनार्ड ने कहा था, "नेतृत्व के प्रति जो सम्मान होना चाहिए, उसके लिए यह आवश्यक है कि उस व्यक्ति की नैतिकता पर कोई संदेह न हो। लीडर न केवल सही और ग़लत के बीच की सीमारेखा के ऊपर रहता है, बल्कि वह 'बीच के संदिग्ध इलाक़ों' से भी दूर रहता है।"

इसे आत्मसात करना

अपने चरित्र को बेहतर बनाने के लिए निम्न कार्य करें :

✳ *दरारों की तलाश करें।* समय निकालकर अपने जीवन के प्रमुख क्षेत्रों (कामकाज, वैवाहिक जीवन, परिवार, सेवा आदि) पर नज़र डालें

और पहचानें कि क्या आप कहीं कन्नी काट रहे हैं, समझौता कर रहे हैं या लोगों को निराश कर रहे हैं। पिछले दो महीनों में हुई ऐसी जो भी घटना आपको याद हो, उसे लिख लें।

* *ग़लत आदतों की तलाश करें।* आपने अभी जो प्रतिक्रियाएँ लिखी हैं, उनकी जाँच-पड़ताल करें। क्या कोई ऐसा ख़ास क्षेत्र है, जहाँ आपमें कमज़ोरी हो सकती है? क्या किसी प्रकार की समस्या आपके जीवन में बार-बार उभर आती है? ग़लत आदतों को पहचानने से चारित्रिक कमज़ोरियों का निदान करने में मदद मिलेगी।

* *अपने दोषों को स्वीकार करें।* चारित्रिक सुधार की शुरुआत तब होती है, जब आप अपने दोषों को पहचानकर उन्हें स्वीकार करते हैं, माफ़ी माँगते हैं और अपने कार्यों के परिणामों से निबटते हैं। उन लोगों की सूची बनाएँ, जिनसे आपको अपने कार्यों के लिए माफ़ी माँगनी चाहिए। फिर सच्चे दिल से माफ़ी माँग लें।

* *दोबारा बनाएँ।* अपने अतीत के कार्यों को स्वीकार करना एक चीज़ है। एक नया भविष्य गढ़ना बिलकुल ही अलग चीज़ है। अब जब आपने कमज़ोरी के क्षेत्र पहचान लिए हैं, तो एक योजना बनाएँ, ताकि आपसे वही ग़लतियाँ दोबारा न हों।

दैनिक सबक़

एक आदमी अपनी छोटी बेटी को एक मेले में घुमाने ले गया था। वह फुर्ती से दौड़कर एक दुकान पर पहुँच गई और कॉटन कैंडी माँगने लगी। जब दुकानदार ने उसे एक बड़ी गेंद जैसी मिठाई दी, तो पिता ने पूछा, "बेटी, क्या तुम्हें पूरा यक़ीन है कि तुम इतनी सारी कैंडी खा सकती हो?"

लड़की ने जवाब दिया, "चिंता न करें, डैडी। मैं बाहर के मुक़ाबले अंदर बहुत ज़्यादा बड़ी हूँ।"

वास्तविक चरित्र का यही अर्थ है- अंदर से ज़्यादा बड़ा होना।

जादू:
पहली छाप से कामयाबी मिल सकती है

आप जादू कैसे कर सकते हैं? दूसरों को उनके बारे में अच्छा अहसास कराने की ज़्यादा परवाह करें और अपने बारे में अच्छा अहसास कराने की चिंता कम करें।

– डैन रीलैंड,
लॉरेन्सेविल्ले, जॉर्जिया में 12 स्टोन चर्च के
एक्ज़ीक्यूटिव पास्टर

मुझे आज तक ऐसा एक भी व्यक्ति नहीं मिला, चाहे उसका पद कितना ही ऊँचा क्यों न हो, जिसने आलोचना के बजाय प्रशंसा के माहौल में बेहतर काम या ज़्यादा प्रयास न किया हो।

– चार्ल्स श्वाब, उद्योगपति

इंग्लैंड का सबसे बुद्धिमान व्यक्ति कौन?

उन्नीसवीं सदी के उत्तरार्ध में दो दमदार लोग ग्रेट ब्रिटेन की सरकार का नेतृत्व करने की होड़ में थे : विलियम ग्लैडस्टोन और बेंजामिन डिज़राइली। दोनों ही एक-दूसरे के कट्टर प्रतिद्वंद्वी थे। डिज़राइली की एक टिप्पणी से आप उनके बीच की भावनाओं का आसानी से पता लगा सकते हैं। उन्होंने कहा था : "दुर्भाग्य और विभीषिका में क्या अंतर है? अगर ग्लैडस्टोन थेम्स नदी में गिर जाए, तो यह दुर्भाग्य है। लेकिन अगर कोई उसे खींचकर बाहर निकाल ले, तो यह विभीषिका होगी।"

कई लोगों का मानना है कि तीन दशकों तक लिबरल पार्टी के लीडर रहने वाले ग्लैडस्टोन विक्टोरियन इंग्लैंड के सर्वश्रेष्ठ गुणों की मिसाल थे। सार्वजनिक सेवा ही उनका कैरियर थी। वे महान वक्ता, आर्थिक मामलों के विशेषज्ञ और बहुत ही नैतिक थे। उन्हें चार बार अलग-अलग समय इंग्लैंड का प्रधानमंत्री बनाया गया और देश के इतिहास में यह सम्मान पाने वाले वे एकमात्र नेता हैं। उनके नेतृत्व में ग्रेट ब्रिटेन में एक राष्ट्रीय शिक्षा तंत्र स्थापित हुआ, संसदीय सुधार हुए और कामगार वर्ग के बहुत से लोगों को मताधिकार भी प्राप्त हुआ।

बेंजामिन डिज़राइली दो बार प्रधानमंत्री रहे, लेकिन उनकी पृष्ठभूमि भिन्न थी। तीस के दशक में वे राजनीति में दाख़िल हुए और उन्होंने कूटनीतिज्ञ व समाज सुधारक की छवि बनाई। लेकिन उनकी महानतम उपलब्धि यह थी कि उन्होंने स्वेज नहर में ग्रेट ब्रिटेन की हिस्सेदारी ख़रीदने का काम बड़ी चतुराई से पूरा किया।

हालाँकि उन दोनों ने ही ब्रिटेन के लिए बहुत कुछ हासिल किया, लेकिन लोगों के प्रति उनकी नीति भिन्न थी। इस फ़र्क़ को एक युवती के संस्मरण द्वारा सबसे अच्छी तरह रेखांकित किया जा सकता है : उस युवती ने एक रात को ग्लैडस्टोन के साथ डिनर लिया और अगली रात डिज़राइली के साथ। जब उससे पूछा गया कि इससे उसके दिल पर क्या छाप पड़ी, तो उस युवती का जवाब था : "जब मैं ग्लैडस्टोन के साथ मुलाक़ात के बाद डाइनिंग रूम से बाहर निकली, तो मैं यह सोच रही थी कि वे इंग्लैंड के सबसे बुद्धिमान पुरुष हैं। लेकिन डिज़राइली के साथ

डिनर लेने के बाद जब मैं बाहर आई, तो मैं यह सोच रही थी कि मैं इंग्लैंड की सबसे अक्लमंद महिला हूँ।" डिज़राइली में ऐसा गुण था, जो लोगों को उनकी ओर आकर्षित करता था और उनमें अनुसरण करने की इच्छा को जगाता था। उनमें जादू था।

विस्तृत विवरण

कई लोग सोचते हैं कि जादू (Charisma) कोई रहस्यमय चीज़ है, जिसे शब्दों में बयान करना लगभग असंभव है। वे सोचते हैं कि यह गुण या तो जन्मजात होता है, या फिर होता ही नहीं है। लेकिन यह सच नहीं है। सरल भाषा में, जादू का मतलब है लोगों को अपनी ओर आकर्षित करने की योग्यता। और चरित्र के बाक़ी गुणों की तरह ही इसे भी विकसित किया जा सकता है।

दूसरों को आकर्षित करने वाला व्यक्ति बनने के लिए आपको इन सुझावों पर अमल करना चाहिए :

1. जीवन से प्रेम करें

लोग जीवन से प्रेम करने वाले लीडर्स से प्रेम करते हैं। ज़रा सोचें, आप कैसे लोगों के साथ समय बिताना चाहेंगे? आप उनका वर्णन कैसे करेंगे? तुनकमिजाज़? कड़वाहट भरे? हताश? ज़ाहिर है, नहीं। वे लोग तो ज़िंदगी का जश्न मनाते हैं, उसके बारे में शिकायत नहीं करते। उनमें जीवन के प्रति ज़बरदस्त जोश होता है। अगर आप लोगों को आकर्षित करना चाहते हैं, तो आपको भी उन लोगों जैसा ही बनना चाहिए, जिनके साथ आप खुद रहना पसंद करते हैं। अठारहवीं सदी के धर्मप्रचारक जॉन वेस्ले इस बात को समझते थे। इसीलिए उन्होंने कहा था, "जब आप अपने भीतर आग भर लेते हैं, तो लोग आपको धधकते हुए देखने के लिए आना पसंद करते हैं।"

2. हर व्यक्ति को "10" नंबर दें

लोगों के लिए आप जो सबसे अच्छी चीज़ें कर सकते हैं- जिससे वे

आपके प्रति आकर्षित भी होते हैं– उनमें से एक है उनसे सर्वश्रेष्ठ की उम्मीद करना। मैं इसे हर एक को "10" नंबर देना कहता हूँ। इससे स्वयं के बारे में दूसरों के विचार ऊँचे हो जाते हैं। साथ ही, आपको भी मदद मिलती है। जैक्स वीज़ल के अनुसार, "अपने दम पर अमीर बने सौ करोड़पतियों के सर्वेक्षण में केवल एक ही साझी बात नज़र आई। ये अत्यंत सफल लोग दूसरों में सिर्फ़ अच्छाई ही देखते थे।"

बेंजामिन डिज़राइली इस अवधारणा को समझते थे और इस पर अमल भी करते थे। दरअसल यह उनके जादू का एक रहस्य भी था। उन्होंने एक बार कहा था, "आप किसी के लिए जो सबसे अच्छी चीज़ कर सकते हैं, वह केवल अपनी संपत्ति देना नहीं है, बल्कि उसके सामने उसकी संपत्ति यानी ख़ूबी को उजागर करना है।" यदि आप दूसरों की प्रशंसा करते हैं, उन्हें प्रोत्साहित करते हैं और उनकी पूरी संभावना तक पहुँचने में उनकी मदद करते हैं, तो बदले में वे आपसे प्रेम करने लगेंगे।

3. *लोगों को आशा दें*

फ्रांसीसी सेनानायक नेपोलियन बोनापार्ट ने लीडर्स को "आशा के सौदागर" कहा था। सभी महान लीडर्स की तरह वे भी जानते थे कि आशा ही इंसान की सबसे बड़ी दौलत है। यदि आप दूसरों को यह उपहार नियमित रूप से देते हैं, तो वे आपके प्रति आकर्षित होंगे और हमेशा कृतज्ञ रहेंगे।

4. *स्वयं को बाँटें*

लोग उन लीडर्स से प्रेम करते हैं, जो अपने दिल की बातें और अपनी जीवनयात्रा उन्हें बताते हैं। जब आप लोगों का नेतृत्व करें, तो स्वयं को सौंप दें। ज्ञान, संसाधन, यहाँ तक कि ख़ास अवसरों पर भी दूसरों को देने का मौक़ा न चूकें। मुझे ऐसा करना बहुत अच्छा लगता है। मिसाल के तौर पर, हाल ही में मैं जोन्सबोरो, टेनेसी में एक वार्षिक कथा-वाचन समारोह में गया। मैं यह काम बरसों से करना चाहता था और जब मैं आख़िरकार इसे अपनी समय-सारणी में लाने में कामयाब हुआ, तो मेरी पत्नी मार्गरेट और मैं अपने स्टाफ़ के दो लीडर्स और उनकी पत्नियों को भी साथ ले गए। हमारा वक़्त बहुत अच्छा गुज़रा और इससे ज़्यादा

महत्त्वपूर्ण बात यह कि उनके साथ ख़ास समय बिताने की वजह से मैं उनके जीवन के मूल्य को बढ़ाने में समर्थ हुआ।

जब जादू की बात आती है, तो सबसे महत्त्वपूर्ण होता है सामने वाले पर ध्यान केंद्रित करना। जो लोग अपने बारे में सोचने से पहले दूसरों और उनकी चिंताओं के बारे में सोचते हैं, वही जादूगर होते हैं।

इस पर विचार करना

जादू के संदर्भ में आप स्वयं को कहाँ पाते हैं ? क्या दूसरे लोग स्वाभाविक रूप से आपके प्रति आकर्षित होते हैं ? क्या लोग आपको काफ़ी पसंद करते हैं ? अगर नहीं, तो संभवतः आपमें इनमें से कोई जादू-अवरोधक हो सकता है :

अहंकार। कोई भी उस लीडर का अनुसरण नहीं करना चाहता, जो ख़ुद को बाक़ी सबसे श्रेष्ठ मानता हो।

असुरक्षा। अगर आप ख़ुद के साथ ही असहज हैं, तो दूसरे भी असहज हो जाएँगे।

अस्थिरचित्तता। यदि आप मूडी हों, तो लोगों को कभी यह पता ही नहीं होता कि आपसे क्या उम्मीद की जाए। कुछ समय बाद वे किसी तरह की उम्मीद करना ही छोड़ देंगे।

पूर्णतावाद। लोग उत्कृष्टता की आकांक्षा का तो सम्मान करते हैं, लेकिन अयथार्थवादी अपेक्षाओं से घबराते हैं।

आलोचना। लोग किसी ऐसे व्यक्ति की आलोचना नहीं झेलना चाहते, जो हर अच्छी चीज़ में भी बुराई खोज लेता है।

इन गुणों को दूर करके आप भी ख़ुद को जादूगर व्यक्तित्व का धनी बना सकते हैं।

इसे आत्मसात करना

अपने जादू को बेहतर बनाने के लिए ये कार्य करें :

* *अपना फ़ोकस या ध्यान का केंद्र बदलें।* अगले कुछ दिनों तक लोगों के साथ अपने व्यवहार का अवलोकन करें। दूसरों से बात करते समय निगरानी रखें कि आपकी कितनी बातचीत ख़ुद पर केंद्रित रहती है। इसके बाद यह निश्चय करें कि आप बातचीत को दूसरों पर केंद्रित करेंगे, ताकि तराजू का काँटा दूसरी ओर झुक जाए।

* *पहली छाप का खेल खेलें।* एक प्रयोग करके देखें। अगली बार जब आप किसी से पहली बार मिलें, तो अच्छी छाप छोड़ने की पूरी कोशिश करें। उसका नाम पूछें। उसकी रुचियों पर ध्यान केंद्रित करें। सकारात्मक रहें। और सबसे महत्त्वपूर्ण बात, उसके साथ 10 में से "10" वाला बर्ताव करें। यदि आप एक दिन तक यह कर सकते हैं, तो आप ऐसा हर दिन कर सकते हैं। और इससे आपका जादू रातोरात बढ़ जाएगा।

* *स्वंय को बाँटें।* दूसरों को संसाधन प्रदान करने को अपना दीर्घकालीन लक्ष्य बना लें। विचार करें कि आप इस साल अपने जीवन में मौजूद पाँच लोगों के मूल्य को कैसे बढ़ा सकते हैं। वे परिवार के सदस्य, सहकर्मी, कर्मचारी या मित्र भी हो सकते हैं। व्यक्तिगत और पेशेवर विकास में उनकी मदद करने के लिए उन्हें संसाधन मुहैया कराएँ और उन्हें अपने जीवन के अनुभव भी बताएँ।

दैनिक सबक़

डॉली मैडिसन के बाद से वॉशिंगटन की सबसे लोकप्रिय मेज़बान पर्ल मेस्टा से एक बार पूछा गया कि वे इतने सारे अमीर और मशहूर लोगों को अपनी पार्टियों में कैसे ले आती हैं? आख़िर उनकी सफलता का राज़ क्या है?

उनका जवाब था, "सारा राज़ अभिवादन और विदा के वाक्यों में छिपा हुआ है।" जब कोई मेहमान आता था, तो वे उससे मिलते समय

कहती थीं, "आख़िरकार आप आ ही गए!" और हर एक के जाते वक़्त वे कहती थीं, "अफ़सोस है कि आप इतनी जल्दी जा रहे हैं!" उनका लक्ष्य ख़ुद पर नहीं, दूसरों पर ध्यान केंद्रित करना था। यही जादू है।

समर्पण :
यही कर्मठ लोगों को स्वप्नदर्शियों से अलग करता है

लोग उन लीडर्स का अनुसरण नहीं करते, जो समर्पित नहीं होते। समर्पण बहुत सी बातों से झलक सकता है, जैसे आप कितने घंटे तक काम करने का विकल्प चुनते हैं, आप अपनी योग्यताओं को बेहतर बनाने के लिए किस तरह काम करते हैं या आप अपने साथियों के लिए कितना निजी त्याग करते हैं।

– स्टीफ़न ग्रेग

एथिक्स कॉर्प. के चेयरमैन और सीईओ

जिसने अपने युग के लिए सर्वश्रेष्ठ योगदान दिया है, वह हर युग में जीवित रहता है।

– जोहानन वॉन शिलर, नाटककार

समय से पहले ही बूढ़े हो गए

कुछ वर्ष पहले मुझे अपनी पत्नी मार्गरेट के साथ इटली में छुट्टियाँ मनाने का अवसर मिला। इस दौरान भोजन और कला हमारी दो सबसे बड़ी प्राथमिकताएँ थीं। सबसे अच्छे भोजन की तलाश करने के लिए हमने उन मित्रों से बात की, जो पहले वहाँ जा चुके थे। सबसे अच्छी कलाकृतियों को देखने के लिए हमने एक बेहतरीन गाइड की मदद ली, जो न्यूयॉर्क के मेट्रोपॉलिटन म्यूज़ियम ऑफ़ आर्ट के लिए ख़रीदारी का काम करता था। उस प्रवास के दौरान हमने कुछ महान कलाकृतियाँ देखीं। लेकिन किसी का भी हम पर उतना असर नहीं हुआ, जितना माइकल एंजेलो के डेविड का। तब जाकर मैं यह समझ पाया कि इसे अनुपम कलाकृति क्यों कहा जाता है।

माइकल एंजेलो ने एक अद्भुत जीवन जिया। वे पाश्चात्य सभ्यता के संभवतः सबसे महान कलाकार हैं; बेशक सबसे प्रभावी तो हैं ही। उनका जन्म ही शिल्पी बनने के लिए हुआ था। उन्होंने एक बार कहा था कि जब उन्होंने शैशव काल में धाय का दूध पिया था, तो उसके साथ ही पत्थर तराशने वाले औज़ारों के प्रति प्रेम भी आ गया था। उन्होंने इक्कीस वर्ष की उम्र में अपना पहला परिपक्व शिल्प गढ़ा और तीस वर्ष की उम्र से पहले ही *पिएता* और *डेविड* जैसी मशहूर कलाकृतियाँ बना ली थीं।

जब माइकल एंजेलो ने तीस वर्ष की उम्र पार की, तो पोप जूलियस द्वितीय ने उन्हें रोम बुला लिया। वे उनसे पोप्स के लिए एक भव्य क़ब्र बनवाना चाहते थे। लेकिन बाद में इसके बजाय उनसे एक पेंटिंग प्रोजेक्ट पर काम करने को कहा गया। इसके तहत वेटिकन के एक छोटे गिरजाघर की छत पर एक दर्जन चित्र बनाने थे। पहले तो माइकल एंजेलो इंकार करना चाहते थे, क्योंकि उनके मन में चित्रकार बनने की कोई तमन्ना नहीं थी। हालाँकि बचपन में उन्होंने चित्रकला सीखी थी, लेकिन उनका दिल तो मूर्तिकला में रमा हुआ था। बहरहाल, जब पोप ने उन पर दबाव डाला, तो उन्होंने अनिच्छा से इस कार्य को स्वीकार कर लिया।

विद्वानों का मत है कि माइकल एंजेलो के प्रतिद्वंद्वियों ने षड्यंत्र करके उन्हें यह काम दिलवाया था। प्रतिद्वंद्वियों को आशा थी कि माइकल

एंजेलो इस काम से इंकार कर देंगे, जिससे पोप उनसे नाराज़ हो जाएँगे। दूसरी ओर, यदि वे इसे स्वीकार कर लेते हैं, तो उनका नाम बदनाम हो जाएगा। लेकिन एक बार जब माइकल एंजेलो ने उस काम को स्वीकार कर लिया, तो वे उसके प्रति पूरी तरह समर्पित हो गए। उन्होंने ईसा मसीह के बारह धर्मप्रचारक शिष्यों के आसान चित्र बनाने के इस प्रोजेक्ट को बढ़ा लिया। इसके बजाय उन्होंने ओल्ड टेस्टामेंट की जेनेसिस पुस्तक के नौ दृश्य और चार सौ से अधिक भित्तिचित्र बनाने का निश्चय किया।

चार साल तक माइकल एंजेलो अपनी पीठ के बल लेटकर सिस्टिन चैपल की छत पर पेंटिंग करते रहे। और उन्हें इसकी भारी क़ीमत चुकानी पड़ी। इस वजह से उनकी आँखों की रोशनी को स्थायी क्षति पहुँची और वे बुरी तरह थक गए। माइकल एंजेलो ने कहा था, "चार साल की घोर यातना झेलकर जब मैंने वास्तविक आकार से भी बड़ी चार सौ आकृतियाँ बना लीं, तो उसके बाद मुझे लगा कि मैं जेरेमिया जितना बूढ़ा हो गया हूँ और उतना ही थक भी गया हूँ। मेरी उम्र सिर्फ़ सैंतीस साल थी, लेकिन मेरे पुराने दोस्त उस बूढ़े व्यक्ति को नहीं पहचान पाए, जो मैं इस प्रक्रिया में बन गया था।"

माइकल एंजेलो के समर्पण का दूरगामी असर हुआ। इससे उनके संरक्षक पोप ख़ुश हो गए और उन्होंने माइकल एंजेलो को वेटिकन के कई अन्य काम भी दिए। लेकिन इससे भी महत्वपूर्ण यह था कि उन्होंने कलाकारों के समुदाय पर व्यापक प्रभाव डाला। सिस्टिन चैपल के उनके भित्तिचित्र इतने साहसिक थे, इतने मौलिक थे, इतनी सूक्ष्मता से बनाए गए थे कि उनके कई साथी कलाकारों ने अपनी शैली बदल ली, जिनमें मशहूर चित्रकार रैफ़ेल भी शामिल थे। कला इतिहासकारों का मानना है कि माइकल एंजेलो की अनुपम कलाकृति ने हमेशा-हमेशा के लिए यूरोपीय चित्रकला की पूरी दिशा ही बदल दी। और इसने मूर्तिकला तथा वास्तु पर भी इतना ही महत्वपूर्ण प्रभाव डाला।

बेशक माइकलएंजेलो में प्रतिभा थी, जिस वजह से महानता की संभावना मौजूद थी, लेकिन यदि उनमें समर्पण नहीं होता, तो उनका प्रभाव बहुत कम होता। सूक्ष्म विवरणों पर उन्होंने जितना ध्यान दिया और सकल भविष्य-दृष्टि को जितना दिमाग़ में रखा, उससे उनके समर्पण

का स्तर साफ़ झलकता है। जब उनसे पूछा गया कि उन्होंने सिस्टिन चैपल के अँधेरे कोने में इतनी मेहनत से काम क्यों किया, जहाँ कोई भी उनके बेहतरीन काम को कभी नहीं देखेगा, तो माइकल एंजेलो ने सहजता से जवाब दिया था, "ईश्वर तो देखेगा।"

विस्तृत विवरण

आज तक संसार में एक भी ऐसा महान लीडर नहीं हुआ, जिसमें समर्पण न हो। यूएसएयर के एड मैक्एल्रॉय इसके महत्व के बारे में कहते हैं : "समर्पण हमें नई शक्ति देता है। चाहे हमारी राह में कुछ भी आ जाए- बीमारी, ग़रीबी या तबाही- हम अपनी आँख लक्ष्य से कभी नहीं हटाते हैं।"

समर्पण क्या है? हर व्यक्ति के संदर्भ में इसका अलग अर्थ होता है :

बॉक्सर के संदर्भ में इसका मतलब फ़र्श पर गिरने के बाद दोबारा उठना है।

मैराथन धावक के संदर्भ में इसका मतलब शक्ति न बचने के बावजूद दस मील और दौड़ना है।

सैनिक के संदर्भ में इसका मतलब पहाड़ी के ऊपर पहुँचना है, जबकि उसे यह न पता हो कि दूसरी ओर कौन सी चीज़ उसका इंतज़ार कर रही है।

धर्मप्रचारक के संदर्भ में इसका मतलब दूसरों के जीवन को बेहतर बनाने के लिए अपने ख़ुद के आराम को अलविदा कहना है।

लीडर के संदर्भ में इसका मतलब ऊपर बताई सभी बातों से भी बढ़कर है, क्योंकि आपका हर अनुयायी आप पर निर्भर है।

यदि आप प्रभावी लीडर बनना चाहते हैं, तो आपको समर्पित होना ही पड़ेगा। सच्चा समर्पण लोगों को प्रेरित और आकर्षित करता है। यह उन्हें दिखाता है कि आपको दृढ़ विश्वास है। जब आप अपने उद्देश्य में विश्वास करेंगे, तभी वे आप पर विश्वास करेंगे। जैसा कि विश्वास का नियम कहता है, लोग पहले लीडर पर और फिर उसकी भविष्य-दृष्टि पर विश्वास करते हैं।

समर्पण की सच्ची प्रकृति क्या है? इन तीन बातों पर ग़ौर करें।

1. समर्पण हृदय में शुरू होता है

कुछ लोग हर चीज़ के आदर्श होने के बाद ही किसी लक्ष्य के प्रति समर्पित होना चाहते हैं। वे यह नहीं जानते कि समर्पण हमेशा उपलब्धि से पहले आता है। मुझे बताया गया है कि केंटुकी डर्बी घुड़दौड़ में पहले आधे मील के बाद विजेता घोड़े में ऑक्सीजन की बहुत कमी हो जाती है और वह बाक़ी रास्ते अपने दिल के सहारे जाता है। यही समर्पण है! सभी महान खिलाड़ी इसके महत्व को पहचानते हैं। एनबीए के महान खिलाड़ी माइकल जॉर्डन कहते हैं, "हृदय ही अच्छे और महान खिलाड़ियों के बीच का फ़र्क़ है।" यदि आप लीडर के रूप में दूसरे लोगों के जीवन पर महत्वपूर्ण प्रभाव डालना चाहते हैं, तो अपने हृदय में झाँककर देखें कि क्या आप वाक़ई समर्पित हैं।

2. समर्पण की परीक्षा कर्म से होती है

समर्पण के बारे में बोलना एक बात है और इस संदर्भ में कुछ करना दूसरी बात। कर्म ही समर्पण का एकमात्र *वास्तविक* पैमाना है। आर्थर गॉर्डन ने कहा था, "शब्द बोलने से ज़्यादा आसान कुछ नहीं है। रोज़ाना उनके अनुरूप जीने से ज़्यादा मुश्किल कुछ नहीं है।"

किसी ने मुझे एक नवनिर्वाचित न्यायाधीश के बारे में बताया, जिसने एक विशेष काउंटी चुनाव में यह पद जीता था। पदभार ग्रहण करते समय अपने भाषण में उन्होंने कहा, "मैं उन 424 लोगों को धन्यवाद देना चाहता हूँ, जिन्होंने मुझे वोट देने का वादा किया था। मैं उन 316 लोगों को धन्यवाद देना चाहता हूँ, जिन्होंने कहा था कि उन्होंने मुझे ही वोट दिया था। मैं उन 47 लोगों को धन्यवाद देना चाहता हूँ, जो पिछले गुरुवार को वोट देने आए और मैं उन 26 लोगों को धन्यवाद देना चाहता हूँ, जिन्होंने मुझे वाक़ई अपना वोट दिया।" अपने समर्पण या वादों पर कार्य करने के संदर्भ में आपका प्रदर्शन कैसा है?

3. समर्पण उपलब्धि का द्वार खोल देता है

लीडर के रूप में आपके सामने बहुत सारी बाधाएँ आएँगी और आपका भारी विरोध होगा- बशर्ते अब तक न हुआ हो। ऐसे कठिन समय और मुश्किल परिस्थितियों में समर्पण ही वह एकमात्र चीज़ होगी, जो आपको आगे बढ़ाती रहेगी। डेविड मैक्नेली ने कहा है, "समर्पण प्रतिरोध का शत्रु है, क्योंकि यह आगे बढ़ने और ऊपर उठने का गंभीर वादा है, चाहे आपको कितनी ही बार नीचे गिरा दिया जाए।" यदि आप किसी सार्थक जगह पहुँचना चाहते हैं, तो समर्पित होना अनिवार्य है।

इस पर विचार करना

समर्पण के मामले में वास्तव में केवल चार प्रकार के लोग होते हैं :

1. *असमर्पित।* ऐसे लोग, जिनका कोई लक्ष्य ही नहीं होता और जो समर्पण नहीं करते हैं।

2. *भयभीत।* ऐसे लोग, जो यह नहीं जानते हैं कि वे अपने लक्ष्यों तक पहुँच सकते हैं या नहीं, इसलिए वे समर्पण करने से घबराते हैं।

3. *पलायनवादी।* ऐसे लोग, जो किसी लक्ष्य की ओर बढ़ना तो शुरू कर देते हैं, लेकिन जब यात्रा मुश्किल हो जाती है, तो हार मानकर मैदान छोड़ देते हैं।

4. *समर्पित।* ऐसे लोग, जो लक्ष्य तय करते हैं, उनके प्रति समर्पित होते हैं और उन तक पहुँचने की क़ीमत चुकाते हैं।

आप किस प्रकार के व्यक्ति हैं? क्या आप अपने लक्ष्यों की ओर बढ़ रहे हैं? क्या आप वह सब हासिल कर रहे हैं, जो आप कर सकते हैं? क्या लोग आप पर विश्वास करते हैं और उत्साह से आपका अनुसरण करते हैं? यदि इनमें से किसी भी सवाल का जवाब ना हो, तो संभवतः आपके समर्पण का स्तर कम है।

इसे आत्मसात करना

अपने समर्पण को बेहतर बनाने के लिए निम्न कार्य करें :

* *इसे आँकें।* कई बार हम यह *मान* बैठते हैं कि हम किसी चीज़ के प्रति समर्पित हैं, जबकि हमारे कार्य इससे भिन्न संकेत देते हैं। अपने समर्पण की पुष्टि करने के लिए अपना कैलेंडर और चेकबुक रजिस्टर बाहर निकालें। कुछ घंटों तक हिसाब लगाएँ कि आप अपना समय और पैसे कहाँ ख़र्च करते हैं। ग़ौर से देखें कि आप कामकाज, सेवा, परिवार, स्वास्थ्य और मनोरंजन आदि गतिविधियों में कितना समय लगाते हैं? साथ ही यह भी पता लगाएँ कि आप जीवन-यापन के ख़र्च, मनोरंजन, व्यक्तिगत विकास और दान आदि में कितने पैसे ख़र्च करते हैं। ये सभी चीज़ें आपके समर्पण का वास्तविक पैमाना हैं। हो सकता है कि इस विश्लेषण से आप हैरान रह जाएँ!

* *यह पता लगाएँ कि कौन सी चीज़ जान देने लायक़ है।* हर लीडर को ख़ुद से यह सवाल पूछना चाहिए, मैं किसकी ख़ातिर जान देने को तैयार हूँ? अगर बात यहाँ तक पहुँच जाती है, तो आप हर चीज़ छोड़ सकते हैं, चाहे उसके परिणाम जो भी हों? इस विचार पर मनन करने के लिए कुछ समय अकेले में गुज़ारें। अपने निष्कर्ष को लिख लें। फिर देखें कि क्या आपके कार्य आपके आदर्शों से मेल खाते हैं।

* *एडिसन की विधि आज़माएँ।* अगर आपको समर्पण की ओर पहला क़दम उठाने में समस्या आ रही है, तो वही करें, जो थॉमस एडिसन करते थे। जब उनके मन में किसी अच्छे आविष्कार का विचार आता था, तो वे एक पत्रकार वार्ता बुलाकर उसकी घोषणा कर देते थे। फिर वे अपनी प्रयोगशाला में जाकर उसका आविष्कार करने में जुट जाते थे। यदि आप अपनी योजनाओं को सार्वजनिक कर दें, तो आप उन पर अमल करने के लिए ज़्यादा समर्पित हो जाएँगे।

दैनिक सबक़

पूर्व प्रोफ़ेशनल बास्केटबॉल खिलाड़ी बिल ब्रैडली ने पंद्रह साल की उम्र में "ईज़ी" एड मैकॉले द्वारा आयोजित एक समर बास्केटबॉल कैंप में हिस्सा लिया। उस कैंप में मैकॉले ने एक ऐसी बात कही, जिससे ब्रैडली की ज़िंदगी बदल गई : "बस इतना याद रखो कि अगर तुम अपनी योग्यता के चरम स्तर पर मेहनत नहीं कर रहे हो, तो कहीं न कहीं कोई दूसरा खिलाड़ी भी होगा, जिसमें तुम्हारे जितनी ही योग्यता होगी, लेकिन वह कड़ी मेहनत कर रहा होगा। और जब एक दिन तुम एक-दूसरे के ख़िलाफ़ खेलोगे, तो वह बेहतर स्थिति में होगा।" आप इस पैमाने पर कितने खरे उतरते हैं ?

संवाद :
इसके बिना आप अकेले ही यात्रा करते हैं

उत्कृष्ट संवाद योग्यताएँ प्रभावी नेतृत्व के लिए अनिवार्य हैं। लीडर को अपना ज्ञान और विचार दूसरों तक पहुँचाने में समर्थ होना चाहिए, ताकि वह उन्हें उत्साहित कर सके और महत्त्वपूर्ण अनुभव करा सके। यदि कोई लीडर स्पष्टता से दूसरों तक अपना संदेश नहीं पहुँचा सकता और उन्हें उसके अनुरूप कार्य करने के लिए प्रेरित नहीं कर सकता, तो संदेश होने का कोई मतलब ही नहीं है।

– गिल्बर्ट अमेलियो,
नेशनल सेमिकंडक्टर कॉर्प. के प्रेसिडेंट और सीईओ

शिक्षाविद् किसी सरल चीज़ को लेते हैं और उसे जटिल बना देते हैं। संवाद-विशेषज्ञ किसी जटिल चीज़ को लेते हैं और उसे सरल बना देते हैं।

– जॉन सी. मैक्सवेल

हर परिस्थिति में महान संवाद-विशेषज्ञ

कई अमेरिकी राष्ट्रपतियों ने महान संवाद-विशेषज्ञों के रूप में अमेरिका पर प्रभाव डाला है। जॉन एफ़. केनेडी, फ्रैंकलिन डी. रूज़वेल्ट और अब्राहम लिंकन इसकी बेहतरीन मिसाल हैं। लेकिन हमारे दौर के केवल एक ही राष्ट्रपति को महान संवाद-विशेषज्ञ कहा जाता है और वे थे रोनाल्ड रीगन।

संवाद में रीगन की निपुणता उनके कैरियर की शुरुआत से ही साफ़ नज़र आती है। उन्होंने रेडियो से शुरुआत की। 25 साल की उम्र तक आते-आते रीगन मिडवेस्ट के सबसे लोकप्रिय रेडियो उद्घोषकों में से एक बन गए थे। आम तौर पर वे लाइव मैच कमेंट्री करते थे, लेकिन कभी-कभार वे मैच की वेस्टर्न यूनियन रिपोर्ट्स की मदद से शिकागो कब्स के मैच की गेंद-दर-गेंद जानकारी देते रहते थे। ऐसे ही एक मैच के दौरान जब ऑगी गैलन एक मुश्किल स्थिति में बैटिंग कर रहे थे, तो स्रोत से रीगन का संपर्क टूट गया। रीगन *छह मिनट* तक कल्पना के सहारे गैलन को बैटिंग कराते रहे, जब तक कि स्रोत से उनका संपर्क दोबारा नहीं जुड़ गया।

अपने पूरे कैरियर के दौरान रीगन ने लोगों से जुड़ने और संवाद करने की असाधारण योग्यता का प्रदर्शन किया। यह कहीं भी उतना स्पष्ट नहीं है, जितना कि व्हाइट हाउस तक पहुँचने और वहाँ रहने के दौरान। 1980 में राष्ट्रपति पद के लिए दावेदारी की घोषणा करते समय उन्होंने अपने प्रचार अभियान के लिए एक स्पष्ट और सरल भविष्य-दृष्टि सामने रखी, "हमारे संदेश के केंद्र में पाँच सरल और जाने-पहचाने शब्द होने चाहिए। कोई बड़े आर्थिक सिद्धांत नहीं। राजनीतिक दर्शन पर कोई उपदेश नहीं। केवल पाँच आसान शब्द : *परिवार, काम-धंधा, आस-पड़ोस, स्वतंत्रता, शांति।*"

अपने प्रचार अभियान के दौरान रीगन ने तत्कालीन राष्ट्रपति जिमी कार्टर के साथ सफलतापूर्वक वाद-विवाद किया। कैलिफ़ोर्निया का यह पूर्व राज्यपाल एक शांत, पसंद करने योग्य और सक्षम मध्य अमेरिकी के रूप में उभरकर सामने आया। वे आसानी से जीत गए। बाद में जब उनसे पूछा गया कि क्या राष्ट्रपति के साथ वाद-विवाद करते समय उन्हें

घबराहट हो रही थी, तो रीगन का जवाब था, "नहीं, बिलकुल नहीं। मैं एक बार जॉन वेन के साथ उसी मंच पर रह चुका हूँ।"

चाहे वे लोगों के सामने भाषण दे रहे हों, कैमरे के सामने अभिनय कर रहे हों या किसी से अकेले में बात कर रहे हों, रीगन संवाद में अधिकतम असर छोड़ने में समर्थ थे। जब उन पर गोली चलाई गई और उन्हें ऑपरेशन रूम में ले जाया जा रहा था, तब भी उन्हें दूसरों को तनावरहित करने की बड़ी चिंता थी। ऑपरेशन करने वाले डॉक्टरों से मज़ाक़ करते हुए उन्होंने कहा था, "कृपया ऑपरेशन से पहले मुझे इस बात का आश्वासन दें कि आप सभी रिपब्लिकन्स (मेरी ही पार्टी के) हैं।"

रीगन अच्छे राष्ट्रपति इसलिए थे, क्योंकि उनके पास स्पष्ट भविष्य-दृष्टि थी, वे आसानी से निर्णय लेते थे और बहुत प्रभावी ढंग से दूसरों को काम सौंपते थे। लेकिन संवाद की अपनी असाधारण योग्यता की बदौलत वे महान लीडर की श्रेणी में आ जाते हैं। देश के नेतृत्व के मामले में जनता ने उन पर इसलिए भरोसा किया, क्योंकि लोग जानते थे कि वे कौन हैं, कहाँ खड़े हैं और क्या चाहते हैं। इसी कारण अमेरिका के लोग भी उनके साथ जहाज़ पर चढ़ने के लिए उत्सुक थे। संवाद की बदौलत ही रीगन ऐसे अनूठे लीडर के रूप में उभरे, जिसका दूसरे लोग ख़ुशी-ख़ुशी अनुसरण करना चाहते थे।

विस्तृत विवरण

भले ही आपके मन में रोनाल्ड रीगन की तरह देश का नेतृत्व करने का कोई इरादा न हो, लेकिन फिर भी आपको संवाद की कला में माहिर बनने की ज़रूरत है। आपके वैवाहिक जीवन, काम-धंधे और व्यक्तिगत संबंधों की सफलता काफ़ी हद तक इसी बात पर निर्भर करती है। लोग आपका अनुसरण नहीं करेंगे, अगर उन्हें यह पता ही न हो कि आप क्या चाहते हैं या आप किस ओर जा रहे हैं।

यदि आप नीचे दिए गए चार बुनियादी सत्यों का अनुसरण करें, तो संवाद कला में ज़्यादा प्रभावी बन सकते हैं।

1. अपने संदेश को सरल रखें

संवाद सिर्फ़ वही नहीं है, जो आप कहते हैं। इसमें तो यह भी शामिल है कि आप उसे कैसे कहते हैं। हालाँकि कुछ शिक्षाविद् इस बात का विरोध करेंगे, लेकिन वास्तव में सरलता ही सफल संप्रेषण की कुंजी है। भारी-भरकम शब्दों या जटिल वाक्यों से लोगों को प्रभावित करने की कोशिश भूल जाएँ। यदि आप लोगों के साथ जुड़ना चाहते हैं, तो अपने संदेश को सरल रखें। नेपोलियन बोनापार्ट अपने सचिवों से कहा करते थे, "स्पष्ट रहो, स्पष्ट रहो, स्पष्ट रहो।"

एक जूनियर एक्ज़ीक्यूटिव के बारे में एक कहानी से आपको असरदार संवाद की रूपरेखा समझ में आ जाएगी। उस युवक को पहली बार एक बड़े समूह के सामने बोलने के लिए आमंत्रित किया गया था। उसने अपने मार्गदर्शक के पास जाकर सलाह माँगी कि अच्छे भाषण का रहस्य क्या है। उस अनुभवी व्यक्ति ने कहा, "एक रोमांचक शुरुआत लिखो, जो तुम्हारे हर श्रोता को चुंबक की तरह खींच ले। फिर एक नाटकीय सार तथा अंतिम निष्कर्ष लिखो, जिससे लोग कार्य करने के लिए प्रेरित हो जाएँ। फिर इन दोनों हिस्सों को जितना संभव हो, क़रीब रखो।"

2. नज़र व्यक्ति पर रहे

प्रभावी संवाद-विशेषज्ञ जिन लोगों के साथ संवाद करते हैं, उन पर ध्यान केंद्रित करते हैं। वे जानते हैं कि जब तक किसी श्रोता या श्रोता-समूह के बारे में कोई जानकारी न हो, तब तक उसके साथ सार्थक संवाद संभव ही नहीं है।

जब आप लोगों के साथ संवाद करते हैं- चाहे वे व्यक्ति हों या समूह- तो ख़ुद से ये सवाल पूछें : मेरे सामने कौन है? उनके सवाल क्या हैं? संवाद का लक्ष्य क्या है? और मेरे पास कितना समय है? यदि आप बेहतर संवाद-विशेषज्ञ बनना चाहते हैं, तो श्रोता-केंद्रित बनें। लोग महान संवाद-विशेषज्ञों पर इसलिए विश्वास करते हैं, क्योंकि महान संवाद विशेषज्ञ लोगों पर केंद्रित होते हैं।

3. सच्चाई दिखाएँ

विश्वसनीयता बेहतरीन संवाद के पहले आती है। श्रोताओं तक अपनी विश्वसनीयता का संदेश पहुँचाने के दो तरीक़े हैं। पहला, आप जो भी कहते हैं, उसमें विश्वास करें। जब मन के अंदर विश्वास की ज्वाला धधकने लगती है, तो साधारण लोग भी असाधारण संवाद-विशेषज्ञ बन जाते हैं। फ़ील्ड मार्शल फ़र्डिनन्ड फ़ोक ने कहा था, "प्रज्वलित मानवीय आत्मा पृथ्वी का सबसे शक्तिशाली हथियार है।" दूसरी बात, आप जो कहते हैं, उसके अनुसार जिएँ। जब आप अपने शब्दों और विश्वास के अनुरूप काम करते हैं, तो इससे ज़्यादा विश्वसनीय कुछ भी नहीं होता।

4. प्रतिक्रिया चाहें

संवाद करते समय यह बात कभी न भूलें कि हर संवाद का लक्ष्य कर्म की प्रेरणा देना है। यदि आप लोगों पर बहुत सी जानकारी लाद देते हैं, तो आप संवाद नहीं कर रहे हैं। इसलिए जब भी आप लोगों से बात करें, तो उन्हें कुछ एहसास कराएँ, कुछ याद रखने के लिए दें और कुछ करने के लिए दें। यदि आप इसमें सफल हो जाते हैं, तो दूसरों का नेतृत्व करने की आपकी योग्यता एक नए स्तर पर पहुँच जाएगी।

इस पर विचार करना

एमवीएम, इंक. के प्रेसिडेंट डैंटो मैन्केज़ जूनियर ने लीडर की संवाद-योग्यता के बारे में कहा है : "लीडर को दूसरों के माध्यम से काम करवाना पड़ता है, इसलिए उसके पास प्रेरित करने, दिशा दिखाने, मार्गदर्शन देने और सुनने की योग्यता होनी ही चाहिए। केवल संवाद के माध्यम से ही लीडर अपनी भविष्य-दृष्टि को दूसरों के दिल तक पहुँचा सकता है और उस पर अमल भी करवा सकता है।"

मूल्यांकन करें कि आपमें लोगों के साथ संवाद करने की कैसी योग्यता है ? क्या आप संवाद को प्राथमिकता देते हैं ? क्या आप लोगों को प्रेरित कर सकते हैं ? क्या आप अपनी भविष्य-दृष्टि इस तरह व्यक्त कर सकते हैं कि आपके लोग उसे समझ सकें, आत्मसात कर सकें और

उस पर अमल कर सकें? जब आप लोगों से अकेले में बात करते हैं, तो क्या आप उनसे जुड़ने में समर्थ हो पाते हैं? समूहों के मामले में स्थिति कैसी रहती है? यदि आप अपने दिल में जानते हैं कि आपकी भविष्य-दृष्टि बेहतरीन है, लेकिन फिर भी लोग उससे सहमत नहीं हैं, तो शायद इस समस्या का मूल कारण यह है कि आपमें प्रभावी संवाद की क्षमता नहीं है।

इसे आत्मसात करना

अपने संवाद को बेहतर बनाने के लिए निम्न कार्य करें :

* *पूरी तरह स्पष्ट रहें।* किसी पत्र, मेमो या हाल में लिखी किसी दूसरी चीज़ को ग़ौर से देखें। क्या आपके वाक्य छोटे और सटीक हैं या फिर वे घुमावदार हैं? क्या आपके पाठक आपके चुने हुए शब्दों को आसानी से समझ लेंगे या उन्हें इसके लिए कोई डिक्शनरी खोजनी पड़ेगी? क्या आपने कम से कम शब्दों का इस्तेमाल किया है? याद रखें, सरलता और स्पष्टता ही संवाद में माहिर व्यक्ति के सबसे अच्छे मित्र हैं। अगली बार इन दोनों को दिमाग़ में रखकर ही संप्रेषण करें।

* *अपने ध्यान को दोबारा केंद्रित करें।* अगले सप्ताह संवाद करते वक़्त इस बात पर ग़ौर करें कि आपका ध्यान कहाँ केंद्रित है। क्या यह स्वयं पर है, आपकी सामग्री पर है या आपके श्रोताओं पर है? यदि यह सामने वाले पर केंद्रित नहीं है, तो अपना दृष्टिकोण बदल लें। सामने वाले की आवश्यकताओं, सवालों और इच्छाओं के बारे में सोचें। लोग जिस स्तर पर भी हों, वहाँ तक पहुँचने का संकल्प लें। इससे आप बेहतर संवाद-विशेषज्ञ बन जाएँगे।

* *अपने संदेश के अनुरूप जिएँ।* क्या आपके कहे जाने वाले शब्दों और किए जाने वाले कार्यों के बीच भिन्नता है? कुछ भरोसेमंद लोगों से पूछें कि क्या आप अपने संदेश के अनुसार जी रहे हैं। आपका जीवनसाथी, मार्गदर्शक या क़रीबी दोस्त ऐसी चीज़ें देख सकता है, जिनकी ओर से आपने आँख मूँद रखी है। वे जो भी कहें, अपना

बचाव किए बिना उनकी पूरी बात सुनें। फिर अधिक तालमेल और एकरूपता लाने की ख़ातिर अपने जीवन में परिवर्तन करने का संकल्प करें।

दैनिक सबक़

7 अप्रैल 1865 को राष्ट्रपति अब्राहम लिंकन ने एक मुश्किल निर्णय लिया। उन्हें यह निर्णय रणभूमि में लड़ रहे अपने सेनापति तक पहुँचाना था। इस पर उनकी सारी आशाएँ और राष्ट्रपति के रूप में उनके नेतृत्व का सारा दारोमदार था। संवाद-विशेषज्ञ के रूप में अपनी पूरी उल्लेखनीय योग्यता का इस्तेमाल करते हुए उन्होंने निम्नलिखित संदेश भेजा :

लेफ़्टिनेंट जनरल ग्रांट,

जनरल शेरिडन कहते हैं, "अगर दबाव डाला जाए, तो मुझे लगता है कि ली समर्पण कर देगा।" दबाव को बढ़ा दिया जाए।

अब्राहम लिंकन

यह संप्रेषण बेहद महत्त्वपूर्ण था, इसके बावजूद राष्ट्रपति ने जटिलता का सहारा नहीं लिया और सरलता को चुना। हमें भी ऐसा ही करना चाहिए।

योग्यता :
यदि आप योग्य हैं, तो लोग आएँगे

योग्यता शब्दों से आगे तक जाती है। योग्यता का अर्थ लीडर के रूप में इस तरीक़े से बोलना, योजना बनाना और कार्य करना है, ताकि दूसरों को दिख जाए कि आपको उस काम का पूरा ज्ञान है और वे आपका अनुसरण करने लगें।

– जॉन सी. मैक्सवेल

जो समाज नल के उत्कृष्ट पाइप बनाने के काम को सिर्फ़ इसलिए हिक़ारत की नज़र से देखता है क्योंकि यह एक तुच्छ काम है और दर्शन शास्त्र के घटियापन को सिर्फ़ इसलिए बर्दाश्त करता है क्योंकि यह एक उच्चतर गतिविधि है, उसके पास न तो अच्छे पाइप होंगे, न ही अच्छा दर्शन होगा। न तो उसके पाइप में दम होगा, न ही दर्शन में।

– जॉन गार्डनर, लेखक

आम आदमी का विजयगान

बेंजामिन फ्रैंकलिन हमेशा खुद को सामान्य व्यक्ति मानते थे। सत्रह संतानों में से एक बेंजामिन फ्रैंकलिन का जन्म मोमबत्ती बनाने वाले एक व्यापारी के घर हुआ, जो दौलतमंद नहीं थे। उनका बचपन सामान्य था। वे सिर्फ़ दो साल स्कूल गए और बारह वर्ष की उम्र में प्रिंटिंग व्यवसाय में अपने भाई के सहायक बन गए।

फ्रैंकलिन ने कड़ी मेहनत और सादगी भरा जीवन जिया। उन्होंने तेरह गुणों की एक सूची बनाई और उसके अनुरूप जीने का फ़ैसला किया। वे हर दिन इन गुणों की कसौटी पर अपना मूल्यांकन करते थे और ग्रेड देते थे। बीस साल की उम्र में उन्होंने अपना प्रिंटिंग व्यवसाय शुरू किया। यदि फ्रैंकलिन अपने इस व्यवसाय से ही संतुष्ट रहते, तो उनका नाम फ़िलाडेल्फ़िया के इतिहास में एक फ़ुटनोट से अधिक नहीं होता। लेकिन उन्होंने एक असाधारण जीवन जिया। वे अमेरिकी स्वतंत्रता के महत्वपूर्ण जनक थे और उदीयमान राष्ट्र के महान नेता भी। उन्होंने स्वाधीनता का घोषणापत्र लिखने में योगदान दिया और बाद में पेरिस संधि तथा अमेरिका का संविधान रचने में भी मदद की। (इन तीनों पर हस्ताक्षर करने वाले वे एकमात्र व्यक्ति थे।) यही नहीं, उन्हें क्रांति की ख़ातिर सैन्य और आर्थिक सहायता हासिल करने के लिए पेरिस के एक मुश्किल तथा ख़तरनाक गोपनीय कूटनीतिक मिशन पर जाने के लिए भी चुना गया।

उत्तरी इलाक़े के एक व्यापारी को इतना प्रभावशाली बनने का अवसर क्यों मिला, जबकि स्वाधीनता युद्ध दौलतमंद और मुख्यतः दक्षिणी ज़मींदारों के नेतृत्व में लड़ा जा रहा था? इन लोगों पर फ्रैंकलिन का इतना ज़्यादा प्रभाव क्यों पड़ा? मुझे यक़ीन है कि ऐसा फ्रैंकलिन की अतुलनीय योग्यता की वजह से हुआ होगा।

सात दशकों तक बेंजामिन फ्रैंकलिन ने जिस भी चीज़ में हाथ डाला, वे उसमें उत्कृष्ट बन गए। जब 1726 में उन्होंने अपना स्वयं का प्रिंटिंग व्यवसाय शुरू किया, तो लोग यह मानते थे कि फ़िलाडेल्फ़िया में तीसरे प्रिंटर का व्यवसाय फल-फूल नहीं सकता, लेकिन फ्रैंकलिन ने उनके अनुमान को ग़लत साबित कर दिया। उन्होंने जल्द ही शहर के सबसे निपुण और मेहनती प्रिंटर के रूप में अपनी छवि बना ली। लेकिन

फ़िलाडेल्फ़िया का यह व्यापारी अपनी इसी उपलब्धि से संतुष्ट नहीं रहा।

फ्रैंकलिन का मस्तिष्क जिज्ञासु था और वे लगातार खुद को तथा दूसरों को सुधारने के उपाय खोजते रहते थे। अपने प्रिंटिंग व्यवसाय का विस्तार करके वे प्रकाशन के क्षेत्र में आ गए। उनके द्वारा प्रकाशित पुस्तकों में *पुअर रिचर्ड्स अलमैनेक* जैसी उल्लेखनीय कृति भी शामिल थी। उन्होंने विद्युत संबंधी बहुत से प्रयोग किए और कई नए वैज्ञानिक शब्द गढ़े, जिनका आज भी इस्तेमाल होता है। उन्होंने पॉट बेलीड स्टोव, केथेटर और बाइफ़ोकल्स जैसे बहुत से आविष्कार किए। उन्हें अक्सर अटलांटिक महासागर के पार यात्रा करनी पड़ती थी, इसलिए उन्होंने गल्फ़ स्ट्रीम का नक्शा बनाने का बीड़ा भी उठाया। जीवन के प्रति उनका नज़रिया एक सूत्रवाक्य में देखा जा सकता है, जो उन्होंने अपनी पुस्तक पुअर रिचर्ड्स अलमैनेक में लिखा था : "अपने गुणों को छिपाकर मत रखो। उन्हें आपको इसीलिए दिया गया है, ताकि आप उनका उपयोग करें। धूपघड़ी का छाया में क्या महत्त्व है?"

फ्रैंकलिन के गुणों के बहुत से प्रमाण देखे जा सकते हैं। उन्होंने फ़िलाडेल्फ़िया की पहली लाइब्रेरी स्थापित करने में मदद की। उन्होंने देश का पहला अग्निशमन विभाग स्थापित किया। उन्होंने डेलाइट सेविंग टाइम की अवधारणा विकसित की। उन्होंने जनता की सेवा करने के लिए कई सार्वजनिक पद भी सँभाले।

अधिकांश मामलों में फ्रैंकलिन की योग्यता जगज़ाहिर थी। लेकिन कई बार उन्हें अपनी योग्यता को साबित भी करना पड़ता था। एक वक़्त वे कृषि सुधार के क्षेत्र में काम कर रहे थे। अपने प्रयोगों में उन्होंने पाया कि प्लास्टर डालने से अनाज और सब्ज़ियाँ ज़्यादा अच्छे उगते हैं। उनके पड़ोसियों को उनकी इस खोज पर भरोसा नहीं हुआ। तब फ्रैंकलिन ने क्या समाधान निकाला? वसंत के मौसम में वे रास्ते में पड़ने वाले एक खेत में गए। वहाँ उन्होंने मिट्टी में कुछ अक्षर लिखकर लकीरों में प्लास्टर डाला और फिर पूरे खेत में बीज बो दिए। कुछ हफ़्तों बाद वहाँ से गुज़रने वाले लोगों ने देखा कि हरे अक्षर खेत के बाक़ी पौधों से ज़्यादा तेज़ी से उग रहे थे। उन पर लिखा था, "इस पर प्लास्टर डाला गया है।" लोगों को फ्रैंकलिन की बात पर भरोसा हो गया।

विस्तृत विवरण

हम सभी उच्च योग्यता दिखाने वाले लोगों की क़द्र करते हैं, चाहे वे कुशल कारीगर हों, विश्वस्तरीय खिलाड़ी हों या सफल व्यवसायी हों। लेकिन सच्चाई तो यह है कि योग्यता के क्षेत्र में उत्कृष्ट बनने के लिए आपको फ़ेबर्ज़, माइकल जॉर्डन या बिल गेट्स बनने की ज़रूरत नहीं है। यदि आप यह गुण विकसित करना चाहते हैं, तो इसके लिए आपको इन बातों पर अमल करना होगा।

1. इस दिशा में हर दिन काम करें

कहा जाता है, "इंतज़ार करने वालों को अंततः सब कुछ मिल जाता है।" दुर्भाग्य से, कई बार तो पहले पहुँचे लोगों की बची हुई जूठन ही उसे मिलती है। ज़िम्मेदार लोग ठीक उसी समय पहुँचते हैं, जब उनसे वहाँ पहुँचने की उम्मीद की जाती है। लेकिन बहुत योग्य लोग इससे भी एक क़दम आगे तक जाते हैं। वे केवल शारीरिक स्तर पर ही ऐसा नहीं करते। वे हर दिन खेलने के लिए तैयार होते हैं- चाहे उन्हें कैसा भी महसूस हो रहा हो, चाहे उनके सामने कैसी भी परिस्थितियाँ हों या उन्हें खेल कितना ही मुश्किल लग रहा हो।

2. सुधार करते रहें

बेंजामिन फ़्रैंकलिन की तरह ही सभी उच्च योग्यता वाले लोग लगातार सीखने, विकास करने और बेहतर बनने के तरीक़े खोजते रहते हैं। वे हमेशा "क्यों" सवाल पूछ-पूछ कर ऐसा करते हैं। देखिए, जिसे "कैसे" का जवाब मालूम है, उसकी नौकरी हमेशा बनी रहेगी, लेकिन जो व्यक्ति "क्यों" का जवाब जानता है, वह हमेशा बॉस बनेगा।

3. उत्कृष्टता के साथ काम पूरा करें

मैं जितने भी लोगों को सक्षम मानता हूँ, उनमें से एक भी ऐसा नहीं है, जो काम पूरा न करता हो। मुझे उम्मीद है कि आप भी ऐसा ही करते होंगे। विला ए. फ़ोस्टर ने टिप्पणी की थी, "गुणवत्ता कभी संयोग से नहीं आती है। यह हमेशा ऊँचे इरादे, ईमानदार कोशिश, बुद्धिमत्तापूर्ण दिशा

और निपुण क्रियान्वयन का परिणाम होती है। यह कई विकल्पों में से बुद्धिमत्तापूर्वक चुनाव होती है।"

उत्कृष्टता के उच्च स्तर पर प्रदर्शन करना हमेशा एक ऐसा विकल्प होता है, जिसे आप स्वेच्छा से चुनते हैं। लीडर्स के रूप में हम जब अपने लोगों को काम का बीड़ा थमाते हैं, तो हम उनसे इसे पूरा करने की उम्मीद करते हैं। वे भी हमसे ऐसी ही उम्मीद करते हैं। फ़र्क़ सिर्फ़ इतना होता है कि उनके लीडर के रूप में हमसे उम्मीदें ज़्यादा होती हैं।

4. उम्मीद से ज़्यादा हासिल करें

बेहद योग्य लोग हमेशा एक मील आगे तक जाते हैं। वे ठीक-ठाक काम से कभी संतुष्ट नहीं होते। *मेन इन मिड-लाइफ़ क्राइसिस* में जिन कॉनवे लिखते हैं कि कुछ लोग ऐसा महसूस करते हैं कि "महान व्यक्ति बनने की कोई आवश्यकता नहीं है और उनमें यह अहसास बढ़ने लगता है कि 'हम इसे जितना अच्छा कर सकते हैं, उतना ही कर लेते हैं।' छक्के मारने की ज़रूरत नहीं है। बस रक्षात्मक खेल खेलते रहो, ताकि आउट होने का ख़तरा न रहे।" लीडर्स ऐसा नज़रिया नहीं रख सकते। उन्हें तो हर दिन उत्कृष्टता से काम करने की ज़रूरत होती है।

5. दूसरों को प्रेरित करें

उच्च योग्यता वाले लीडर्स उच्च स्तरीय प्रदर्शन तो करते ही हैं, इससे ज़्यादा भी करते हैं। वे अपनी टीम को भी ऐसा ही करने के लिए प्रेरित करते हैं। हालाँकि कुछ लोग टिके रहने के लिए केवल संबंध बनाने की क़ाबिलियत पर ही निर्भर करते हैं, लेकिन प्रभावी लीडर्स इस क़ाबिलियत में उच्च योग्यता का समावेश भी कर देते हैं, ताकि वे अपने संगठन को उत्कृष्टता और प्रभाव के नए स्तरों पर पहुँचा सकें।

इस पर विचार करना

काम करने के मामले में आप कहाँ पर हैं? क्या आप हर काम को पूरे उत्साह से करते हैं और सर्वोच्च संभव स्तर पर प्रदर्शन करते हैं? या

फिर आप कामचलाऊ काम को ही पर्याप्त अच्छा मानते हैं ?

सक्षम लोगों के बारे में सोचते समय आप वास्तव में सिर्फ़ तीन प्रकार के लोगों के बारे में ही विचार करते हैं :

1. वे लोग, जो देख सकते हैं कि क्या करना चाहिए।

2. वे लोग, जो उसे कर सकते हैं।

3. वे लोग, जो उस वक़्त काम कर सकते हैं, जब वह सचमुच मायने रखता है।

अपने पेशे में आप कहाँ लगातार उत्कृष्ट प्रदर्शन करते हैं ? आप चिंतनशील हैं या कर्मठ हैं या फिर दबाव में भी सर्वश्रेष्ठ परिणाम देने में सक्षम हैं ? आप ख़ुद जितने बेहतर होते हैं, अपनी टीम पर असर डालने की क्षमता भी आपमें उतनी ही ज़्यादा होती है।

इसे आत्मसात करना

अपनी योग्यता बढ़ाने के लिए निम्न कार्य करें :

* *मैच पर पूरा ध्यान दें।* यदि आप अपने काम से मानसिक या भावनात्मक रूप से नहीं जुड़े हैं, तो यह उससे दोबारा जुड़ने का वक़्त है। सबसे पहले तो अपने कामकाज के प्रति दोबारा समर्पित हो जाएँ और उसी पर पूरा ध्यान केंद्रित करने का संकल्प लें। दूसरे, यह पता लगाएँ कि काम से आपका मानसिक या भावनात्मक जुड़ाव क्यों ख़त्म हो गया था। क्या आपको नई चुनौतियों की ज़रूरत है ? क्या आप अपने बॉस या सहकर्मियों के साथ संघर्ष की स्थिति में हैं ? क्या आप कोई ऐसी नौकरी कर रहे हैं, जो "अंधी गली में ख़त्म होती है।" समस्या की जड़ को पहचानें और उसे सुलझाने की योजना तैयार करें।

* *पैमाने को दोबारा परिभाषित करें।* यदि आप निरंतर उच्च स्तर पर प्रदर्शन नहीं कर रहे हैं, तो अपने पैमानों की दोबारा जाँच करें। क्या आप बहुत नीचे निशाना साध रहे हैं ? क्या आप शॉर्टकट

अपना रहे हैं ? अगर ऐसा है, तो अपनी मनःस्थिति को दोबारा ढालकर ख़ुद से ज़्यादा ऊँची उम्मीदों की रूपरेखा बनाएँ।

* *बेहतर बनने के तीन उपाय खोजें।* कोई भी बिना इरादे के लगातार बेहतर नहीं बनता है। थोड़ा शोध करके ऐसी तीन चीज़ें खोजें, जिनके द्वारा आप अपनी पेशेवर योग्यताओं को बेहतर बना सकते हैं। फिर उन पर अमल करने के लिए समय और धन लगाएँ।

दैनिक सबक़

कुछ समय पहले मैंने *टेक्सॉस बिज़नेस* में एक संपादकीय पढ़ा था, जिसमें लिखा था, "हम सचमुच भटकी हुई पीढ़ी हैं, जो हाँफती-बौखलाती हुई एक ऐसे तेज़ मार्ग पर चली जा रही है, जो कहीं नहीं पहुँचाता है। दिशा ज्ञान के लिए हम हमेशा डॉलर के दिशासूचक की तलाश करते हैं। यही एकमात्र पैमाना है, जिसे हम पहचानते हैं। हमारे अंदर न कोई विश्वास है, न ही नैतिक सीमाएँ।"

आप उतने ही श्रेष्ठ होते हैं, जितने कि आपके निजी पैमाने। आख़िरी बार ऐसा कब हुआ था, जब आपने किसी काम में अपने सर्वश्रेष्ठ स्तर पर प्रदर्शन किया था, हालाँकि आपके अलावा किसी को भी इस बात का पता चलने की कोई संभावना नहीं थी ?

साहस :
अकेला साहसी व्यक्ति भी बहुमत में होता है

साहस को प्रथम मानवीय गुण कहा गया है और यह सही भी है... क्योंकि यही वह गुण है, जो बाक़ी सभी गुणों की गारंटी देता है।

– विन्स्टन चर्चिल, ब्रिटिश प्रधानमंत्री

साहस वह डर है, जिसने अपनी प्रार्थना कर ली है।

– कार्ल बार्थ, स्विस धर्मशास्त्री

तुरुप का इक्का

इन तीन लोगों में क्या समानता है : 1914 में डेटोना में रफ़्तार का विश्व कीर्तिमान बनाने वाले कार रेसिंग का हीरो; प्रथम विश्व युद्ध में जर्मनी के ख़िलाफ़ हवाई मुठभेड़ में सबसे ज़्यादा जीतें हासिल करने वाला पायलट; और युद्ध मंत्री के विशेष सलाहकार, जो एक हवाई दुर्घटना में बच गए और द्वितीय विश्व युद्ध के दौरान प्रशांत महासागर में एक रबड़ की नाव में बाईस दिन तक तैरते रहे ? समानता यह है कि वे सभी ख़तरनाक परिस्थितियों में रहे थे। उन सभी ने दबाव भरी परिस्थितियों में गज़ब का साहस और हौसला दिखाया था। और ये सभी काम दरअसल एक ही व्यक्ति ने किए थे- एडी रिकेनबैकर ने।

चुनौती का सामना करना एडी रिकेनबैकर के लिए कभी बड़ी समस्या नहीं रही, चाहे वह शारीरिक हो, मानसिक हो या फिर आर्थिक। जब वे बारह साल के थे, तब उनके पिता की मृत्यु हो गई और उन्हें अपने परिवार के जीवनयापन के लिए पढ़ाई छोड़नी पड़ी। पहले उन्होंने अख़बार, अंडे और बकरी का दूध बेचा। फिर उन्होंने एक काँच फ़ैक्ट्री, शराब की भट्टी, जूतों के कारख़ाने और धातु ढालने के कारख़ाने में काम किया। फिर किशोरावस्था में वे रेसिंग कारों को सुधारने वाले मैकेनिक बन गए और बाईस साल की उम्र में रेसिंग भी करने लगे। दो साल बाद वे तेज़ गति का विश्व कीर्तिमान बनाने में कामयाब हो गए।

जब अमेरिका प्रथम विश्व युद्ध में दाख़िल हुआ, तो रिकेनबैकर ने विमान-चालक के रूप में अपनी सेवाएँ देने का प्रस्ताव रखा, लेकिन उनकी उम्र ज़्यादा थी और शिक्षा कम। सो, इसकी जगह उन्हें एक शोफ़र के रूप में भर्ती कर लिया गया। रिकेनबैकर ने अपने वरिष्ठ अधिकारियों से अनुरोध किया कि वे उन्हें फ़्लाइट ट्रेनिंग के लिए भेज दें। हालाँकि कॉलेज में शिक्षित बाक़ी विमान-चालकों से उनका तालमेल नहीं बैठ पाया, लेकिन पायलट के रूप में वे उत्कृष्ट थे। और युद्ध समाप्त होने तक वे युद्ध क्षेत्र में 300 घंटों की उड़ान भर चुके थे (अन्य किसी भी अमेरिकी पायलट से ज़्यादा), शत्रु के साथ 134 हवाई मुठभेड़ों में ज़िंदा बच निकले थे, 26 हमलावरों को मौत के घाट उतार चुके थे। उनकी उल्लेखनीय उपलब्धियों के लिए उन्हें मेडल ऑफ़ ऑनर, आठ डिस्टिंग्विश्ड

सर्विस क्रॉसेस और फ़्रेंच लीजियन ऑफ़ ऑनर से नवाज़ा गया। उन्हें तरक़्क़ी देकर कप्तान बना दिया गया और स्क्वैड्रन की कमान उनके हाथों में सौंप दी गई।

रिकेनबेकर इतने माहिर विमान-चालक थे कि अख़बार वालों ने उन्हें "अमेरिकी तुरुप का इक्का" का ख़िताब दे दिया। जब उनसे पूछा गया कि क्या उन्हें लड़ाई में डर नहीं लगा, तो उन्होंने स्वीकार किया कि उन्हें डर लग रहा था। उन्होंने कहा, "जिस काम को करने से डर लगता हो, उसे करना ही साहस की परिभाषा है। जब तक आपको डर नहीं लग रहा हो, तब तक आपमें साहस हो ही नहीं सकता।"

इस साहस ने प्रथम विश्व युद्ध के बाद भी इस तुरुप के इक्के का साथ दिया। 1933 में वे ईस्टर्न एयर ट्रांसपोर्ट (बाद में ईस्टर्न एयरलाइंस) के वाइस प्रेसिडेंट बन गए। उस वक़्त सभी एयरलाइंस केवल सरकारी अनुदान के सहारे जीवित रह पाती थीं। लेकिन रिकेनबैकर की सोच यह थी कि हर एयरलाइन को आत्मनिर्भर होना चाहिए। उन्होंने निर्णय लिया कि वे एयरलाइन कंपनी के व्यवसाय करने के तरीक़े को पूरी तरह बदल देंगे। और उन्होंने ऐसा सचमुच कर दिखाया! दो साल के भीतर ही उन्होंने ईस्टर्न को मुनाफ़े में ला खड़ा किया, जो उड्डयन इतिहास में पहली बार हुआ था। जब अमेरिका के राष्ट्रपति ने सभी व्यावसायिक हवाई कंपनियों के एयर मेल अनुबंध रद्द कर दिए, तो रिकेनबैकर ने इसका डटकर विरोध किया– और जीत हासिल की। रिकेनबैकर ने तीस वर्षों तक ईस्टर्न का सफलतापूर्वक नेतृत्व किया और 73 साल की उम्र में रिटायर हुए। इसके दस साल बाद जब उनका देहांत हुआ, तो उनके बेटे विलियम ने लिखा था, "अगर उनका कोई सूत्रवाक्य था, तो वह यही वाक्य होगा, जिसे मैं हज़ारों बार सुन चुका हूँ : 'मैं ख़ूँख़ार शेर की तरह लड़ूँगा'!"

विस्तृत विवरण

जब आप एडी रिकेनबैकर जैसे किसी व्यक्ति के जीवन पर निगाह डालते हैं, तो उसमें आपको महान साहस साफ़ नज़र आ जाता है। युद्ध-नायकों में साहस को देखना आसान होता है, लेकिन यह व्यवसाय, शासन और धर्म-अध्यात्म के हर महान लीडर में भी होता है। जब भी आप किसी

संगठन में कोई उल्लेखनीय प्रगति देखें, तो यह समझ जाएँ कि उसके लीडर ने साहसिक निर्णय लिए हैं। नेतृत्व के पद से व्यक्ति को साहस नहीं मिलता है, हालाँकि साहस उसे नेतृत्व का पद अवश्य दिला सकता है। यह कैप्टेन एड्डी रिकेनबैकर के बारे में भी सच था।

लैरी ओसबॉर्न ने कहा है : "बेहद प्रभावी लीडर्स के बारे में सबसे असाधारण बात यह है कि उनमें बहुत कम समानताएँ होती हैं। एक जिसका गुणगान करता है, दूसरा उसी के ख़िलाफ़ चेतावनी देता है। लेकिन एक गुण उन सभी में पाया जाता है : जोखिम लेने की इच्छाशक्ति।"

मुश्किल और चुनौतीपूर्ण निर्णयों की ओर बढ़ने से पहले साहस के बारे में इन सच्चाइयों को जान लें :

1. साहस एक आंतरिक युद्ध से शुरू होता है

आप लीडर के रूप में जिस भी परीक्षा का सामना करते हैं, वह हर परीक्षा आपके भीतर शुरू होती है। साहस की परीक्षा भी अलग नहीं है। जैसा मनोचिकित्सक शेल्डन कॉप ने कहा है, "सभी महत्वपूर्ण युद्ध मनुष्य के भीतर लड़े जाते हैं।" साहस डर का अभाव नहीं है। यह तो उस काम को करना है, जिसे करने से आपको डर लगता है। यह तो जानी-पहचानी चीज़ों को छोड़ने और नए इलाक़े में क़दम रखने की शक्ति है। यह रिकेनबैकर के मामले में सच था और यह आपके मामले में भी सच हो सकता है।

2. साहस चीज़ों पर पर्दा डालना नहीं, उन्हें सही करना है

नागरिक अधिकारों के हिमायती मार्टिन लूथर किंग जूनियर ने घोषणा की थी, "मनुष्य का सबसे बड़ा पैमाना यह नहीं है कि वह आराम और सुविधा के पलों में कहाँ खड़ा रहता है; सबसे बड़ा पैमाना तो यह है कि वह चुनौती और विवाद के समय कहाँ खड़ा रहता है।" महान लीडर्स में लोक-व्यवहार की अच्छी योग्यताएँ होती हैं। वे लोगों को एकजुट कर सकते हैं और टीम के रूप में उनसे काम करवा सकते हैं। लेकिन ज़रूरत पड़ने पर वे डटकर मुक़ाबला भी करते हैं।

साहस का संबंध बोध से नहीं, सिद्धांत से है। यदि आपमें यह देखने

की योग्यता नहीं है कि कब दृढ़ता से खड़े होना है और अगर आपमें यह करने का विश्वास नहीं है, तो आप कभी प्रभावी लीडर नहीं बन सकते। आपको उत्कृष्टता के प्रति पूरी तरह समर्पित होना चाहिए और यह समर्पण दूसरों को संतुष्ट या शांत करने की आपकी इच्छा से ज़्यादा प्रबल होना चाहिए।

3. लीडर का साहस अनुयायियों को समर्पित होने की प्रेरणा देता है

धर्मप्रचारक बिली ग्राहम ने कहा है, "साहस संक्रामक होता है। जब कोई साहसी व्यक्ति दृढ़ता से खड़ा होता है, तो दूसरों की रीढ़ भी तन जाती है।" जब कोई व्यक्ति साहस का प्रदर्शन करता है, तो उसे देखकर दूसरे लोग भी प्रोत्साहित होते हैं। लेकिन जब साहस का प्रदर्शन लीडर करता है, तो इससे प्रेरणा भी मिलती है। इससे लोगों में उसका अनुसरण करने की इच्छा जागती है। मेरे मित्र जिम मेलैडो कहते हैं, "नेतृत्व साहस की वह अभिव्यक्ति है, जो लोगों को सही काम करने के लिए बाध्य करती है।"

4. आपका जीवन आपके साहस जितना ही व्यापक होता है

डर लीडर को सीमित कर देता है। रोमन इतिहासकार टेसिटस ने लिखा था, "सुरक्षा की इच्छा हर महान और उदात्त काम के विरोध में खड़ी होती है।" लेकिन साहस का असर विपरीत होता है। यह सारे द्वार खोल देता है, जो इसके सबसे अद्भुत लाभों में से एक है। शायद इसीलिए ब्रिटिश धर्मशास्त्री जॉन हेनरी न्यूमैन ने कहा था, "इस बात से मत डरो कि तुम्हारा जीवन ख़त्म हो जाएगा, बल्कि इस बात से डरो कि यह कभी शुरू ही नहीं हो पाएगा।" साहस आपको न सिर्फ़ एक अच्छी शुरुआत देता है, बल्कि एक बेहतर भविष्य भी प्रदान करता है।

विसंगतिपूर्ण बात यह है कि जोखिम लेने का साहस करने वालों और ऐसा न करने वालों को जीवन में एक बराबर डर लगता है। एकमात्र अंतर यह होता है कि जो लोग जोखिम नहीं लेते हैं, वे छोटी-छोटी चीज़ों की चिंता करते हैं। यदि आप अपने डर और शंकाओं से उबरने ही वाले हैं, तो क्यों न इन्हें सार्थक और महत्वपूर्ण बनाएँ?

इस पर विचार करना

एलीनोर रूज़वेल्ट ने स्वीकार किया था, "आपको हर उस अनुभव से मज़बूती, साहस और आत्मविश्वास मिलता है, जिसमें आप डर का सचमुच सामना करते हैं। तब आप ख़ुद से यह कह सकते हैं, 'मैं इस ख़तरनाक स्थिति से जूझने के बावजूद जीवित हूँ, इसलिए मैं अगली ख़तरनाक स्थिति से भी मुक़ाबला कर सकता हूँ।' आपको वह काम ज़रूर करना चाहिए, जिसके बारे में आपको यह लगता है कि आप उसे नहीं कर सकते।"

डर से निबटने के संदर्भ में आपमें कौन सी प्रवृत्ति है? क्या आप इसे आत्मसात करते हैं? क्या आपकी सीमाओं का विस्तार करने वाले अनुभव आपके दैनिक जीवन का सामान्य हिस्सा हैं? या आप अपने आरामदेह दायरे में इतने दूर हट चुके हैं कि आपको कभी डर का अहसास तक नहीं होता? अपने जीवन में साहस का भाव भरने के लिए आपको कौन से परिवर्तन करने चाहिए?

इसे आत्मसात करना

अपने साहस को बढ़ाने के लिए ये कार्य करें :

* *स्थिति का सामना करें।* दृढ़ता से क़दम उठाएँ और साहस बढ़ाने के लिए कुछ ख़तरनाक काम करें। पैराशूट पहनकर हवाई जहाज़ से छलाँग लगाएँ। श्रोताओं के सामने भाषण दें (ज़्यादातर लोगों को सबसे ज़्यादा डर इसी से लगता है)। किसी नाटक में अभिनय करें। नाव में बैठकर व्हाइट-वाटर रैफ़्टिंग करें। पर्वतारोहण करें। देखिए, इससे कोई ख़ास फ़र्क़ नहीं पड़ता कि आप कौन सा साहसिक काम करते हैं। काम तो बस ऐसा होना चाहिए, जिसमें आपको सचमुच डर लगता हो।

* *जिस व्यक्ति से आप डरते हों, उससे खुलकर बात करें।* ज़्यादातर लोगों को किसी व्यक्ति- कर्मचारी, रिश्तेदार या सहकर्मी- से आमने-सामने खुलकर बातचीत करने में डर लगता है। यदि आपके

मन में ऐसा कोई डर हो, तो इसी सप्ताह उस व्यक्ति से बातचीत कर लें। आक्रोश की भावनाओं का गुबार न निकालें या उसका अपमान न करें। आपको तो सिर्फ़ प्रेम से सत्य बोलने का लक्ष्य रखना चाहिए। (अगर आप पहले ही पैराशूट पहनकर छलाँग लगा चुके हैं या दूसरा कोई ख़तरनाक काम कर चुके हैं, तो आपको इस मुक़ाबले में ज़्यादा डर नहीं लगेगा।)

✳ *कोई बड़ा क़दम उठाएँ। शायद आपको कैरियर बदलने में डर लग रहा हो।* अगर आप अपने दिल में जानते हैं कि आपको नौकरी बदलनी चाहिए या कोई नया व्यवसाय शुरू करना चाहिए, तो उस काम को करने का सही समय यही है। इस दिशा में सचमुच सोचने का समय निकालें। अपने जीवनसाथी, अपने मार्गदर्शक और एक–दो विश्वसनीय मित्रों से बातचीत करें। *अगर काम सही है, तो उसे कर दें।*

दैनिक सबक़

पीटर कार्टराइट उन्नीसवीं सदी के उपदेशक थे। जब वे रविवार के लिए एक प्रवचन तैयार कर रहे थे, तो उन्हें चेतावनी दी गई कि राष्ट्रपति एंड्र्यू जैक्सन भी उनका प्रवचन सुनने आएँगे, इसलिए उन्हें कोई आपत्तिजनक टिप्पणी नहीं करनी चाहिए। अपने प्रवचन के दौरान पादरी ने कहा ः "मुझे बताया गया है कि आज एंड्र्यू जैक्सन भी यह प्रवचन सुनने आए हैं। और मुझसे यह भी कहा गया है कि मैं अपनी टिप्पणियों में संयम बरतूँ। लेकिन मैं यह कहे बिना नहीं रह सकता कि अगर एंड्र्यू जैक्सन अपने पाप का प्रायश्चित नहीं करेंगे, तो वे नर्क में जाएँगे।"

प्रवचन के बाद राष्ट्रपति जैक्सन कार्टराइट के पास जाकर बोले, "महोदय, अगर मेरे पास आप जैसे लोगों की एक रेजिमेंट होती, तो मैं पूरे संसार को जीत सकता था।"

एक साहसिक कार्य के अक्सर कई अप्रत्याशित सकारात्मक परिणाम होते हैं।

विवेक :
अनसुलझे रहस्यों को सुलझाएँ

चतुर लीडर्स जो भी सुनते हैं, उसके केवल आधे हिस्से पर विश्वास करते हैं। विवेकशील लीडर्स जानते हैं कि किस आधे हिस्से पर यक़ीन करना है।

– जॉन सी. मैक्सवेल

गड्ढों का पहला नियम : जब आप किसी गड्ढे में फँसे हों, तो खोदना बंद कर दें।

– मॉली आइविन्स, स्तंभकार

हमेशा मामले की तह में

मार्या स्क्लोडोवस्का हमेशा चीज़ों की तह तक पहुँचना चाहती थीं। जब वे पोलैंड में बड़ी हो रही थीं, तो उनका दिल स्कूल और पढ़ाई में रमा हुआ था। जब उनके माता-पिता की शिक्षक की नौकरी छूट गई और जीवनयापन के लिए उन्होंने अपने घर को बोर्डिंग हाउस में बदल लिया, तो मार्या को घंटों तक घरेलू काम करने पड़ते थे। लेकिन इससे उनकी पढ़ाई पर कोई फ़र्क़ नहीं पड़ा और वे हाई स्कूल की क्लास में अव्वल रहीं– और उनकी परीक्षाएँ रूसी भाषा में हुई थीं।

आर्थिक तंगी की वजह से वे उच्च शिक्षा हासिल नहीं कर सकती थीं, इसलिए वे पैसे कमाने के लिए गवर्नेस और ट्यूटर बन गईं। पेट काटकर उन्होंने कुछ पैसे बचाए और अपनी बड़ी बहन को पेरिस के मेडिकल कॉलेज में पढ़ाने का ख़र्च उठाया। फिर वे भी सोरबॉन में उच्च शिक्षा हासिल करने के लिए फ़्रांस चली गईं। दो साल बाद वे फ़िज़िक्स में अपनी क्लास में प्रथम स्थान पर रहीं। एक और साल के अध्ययन के बाद उन्हें गणित में स्नातकोत्तर उपाधि मिल गई।

इसके बाद उन्होंने पूरे समय शोध पर ध्यान केंद्रित किया और वे फ़्रांसीसी औद्योगिक समुदाय के लिए प्रयोग करने लगीं। लेकिन उनका असली जुनून तो यूरेनियम की किरणों का रहस्य तलाशना था।

बेहतर प्रयोगशाला की तलाश करते समय मार्या की मुलाक़ात पिएरे से हुई, जो बाद में उनके पति और रिसर्च पार्टनर बने। आपने शायद मार्या स्क्लोडोवस्का का नाम सुना होगा, लेकिन पूरी संभावना है कि आप उन्हें उस नाम से जानते होंगे, जो उन्होंने 1895 में पिएरे क्यूरी से विवाह के बाद अपने लिए चुना था : वे ख़ुद को मैडम मैरी क्यूरी कहती थीं।

मैडम क्यूरी ने रेडियोएक्टिविटी (यह शब्द उन्होंने ख़ुद गढ़ा था) के क्षेत्र में नवाचारी कार्य किया और न्यूक्लियर फ़िज़िक्स और रेडियोलॉजी के आधुनिक चिकित्सा अध्ययन का द्वार खोल दिया। जब 1906 में एक दुर्घटना में पिएरे की मृत्यु हो गई, तब भी मैरी क्यूरी काम में जुटी रहीं और उन्होंने इसके बाद भी नई सफलताएँ हासिल कीं।

उन्होंने एक बार कहा था, "जीवन हममें से किसी के लिए भी

आसान नहीं है। लेकिन उससे क्या फ़र्क़ पड़ता है ? हममें लगन होनी चाहिए और सबसे बड़ी बात, ख़ुद पर भरोसा होना चाहिए। हमें यह विश्वास करना चाहिए कि हमें किसी न किसी चीज़ का जन्मजात वरदान मिला है और फिर हमें मेहनत करके उस चीज़ को हासिल करना चाहिए।" आजीवन शोध कार्य की बदौलत मैरी क्यूरी को बहुत प्रतिष्ठा और मान-सम्मान मिले : पंद्रह गोल्ड मेडल, उन्नीस उपाधियाँ और दो नोबल पुरस्कार (एक भौतिकी में और एक रसायन शास्त्र में)।

क्यूरी की लगन न सिर्फ़ नई चीज़ें जानने की उनकी इच्छा में नज़र आती है, बल्कि उनके शोध के व्यावहारिक इस्तेमाल में भी साफ़ झलकती है। उन्होंने प्रथम विश्व युद्ध के दौरान युद्ध के मैदान पर होने वाली घटनाओं का विश्लेषण किया और इस नतीजे पर पहुँचीं कि जिस तकनीक का उन्होंने आविष्कार किया था, उसका उपयोग करके लोगों की जान बचाई जा सकती है। उन्होंने अपनी बेटी आइरीन (उसने भी एक नोबल पुरस्कार जीता है) के साथ मिलकर एक्स-रेडियोग्राफ़ी विकसित की और इसके बाद एम्बुलैंस को एक्स-रे उपकरणों से सुसज्जित करने का अभियान छेड़ा। इन उपकरणों का उपयोग करने के लिए क्यूरी ने 150 तकनीशियनों को प्रशिक्षित किया। उन्होंने पेरिस यूनिवर्सिटी में रेडियम इंस्टीट्यूट की स्थापना में भी मदद की। वे अपने प्रयोगशाला भवनों के निर्माण पर पूरी नज़र रखती थीं। साथ ही, इनमें आधुनिक उपकरण लगवाने के लिए वे यूरोप और अमेरिका में धनराशि और सामग्री भी जुटाती थीं।

क्यूरी ने कहा था, "जीवन में किसी चीज़ से डरना नहीं चाहिए। उसे तो केवल समझना चाहिए।" बुद्धि और विवेक की बदौलत वे कई ऐसी चीज़ें समझने और खोजने में समर्थ हुईं, जिनका हमारे संसार पर सकारात्मक असर हुआ। दुर्भाग्य से उन्होंने अपने प्रखर विवेक का इस्तेमाल अपने स्वास्थ्य के संदर्भ में नहीं किया। चूँकि वे रेडियोएक्टिव सामग्री पर शोध करने वाली शुरुआती शख़्स थीं, इसलिए वे रेडिएशन के हानिकारक प्रभावों से अपनी रक्षा नहीं कर पाईं। उनके काम ने धीरे-धीरे उनकी जान ले ली। अचानक उनका स्वास्थ्य बिगड़ने लगा और 1934 में 66 वर्ष की उम्र में ल्यूकेमिया से उनकी मृत्यु हो गई।

विस्तृत विवरण

विवेक को किसी मामले की तह तक पहुँचने की योग्यता भी कहा जा सकता है। यह तार्किक विचारशक्ति के साथ-साथ सहज बोध पर निर्भर होता है। प्रभावी लीडर्स में विवेक होना अनिवार्य है, हालाँकि अच्छे लीडर्स भी हर वक़्त इसका प्रदर्शन नहीं करते हैं। मिसाल के तौर पर, लीडर्स की इन टिप्पणियों को पढ़ें, जिन्हें मैं उनके मशहूर अंतिम शब्द मानता हूँ :

"मैं तुम लोगों को यह बताना चाहता हूँ कि वेलिंगटन एक ख़राब सेनापति है और अँग्रेज घटिया सैनिक हैं; हम लंच के समय तक जीत जाएँगे।"
- वाटरलू युद्ध (1815) से पहले नाश्ते पर अपने सैन्य अधिकारियों के सामने नेपोलियन बोनापार्ट का बयान

"मैं सोचता हूँ कि शायद पूरे संसार में केवल पाँच कंप्यूटर बिक सकते हैं।"
- थॉमस जे. वाटसन, आईबीएम के चेयरमैन (1943)

"मुझे बॉडीगार्ड्स की ज़रूरत नहीं है।"
- जिमी हॉफ़ा, उनका अपहरण होने से एक महीने पहले (1975)

विवेक हर उस लीडर के लिए अनिवार्य गुण है, जो अपनी प्रभावकारिता को अधिकतम करना चाहता है। इससे कई महत्त्वपूर्ण चीज़ों में मदद मिलती है :

1. इससे मामले की तह तक पहुँचना आसान होता है

बड़े संगठनों के लीडर्स को हर दिन ज़बरदस्त उथलपुथल और जटिलता से जूझना होता है। उन्हें किसी भी चीज़ की पूरी तस्वीर का पता लगाने के लिए पर्याप्त जानकारी कभी नहीं मिल पाती है। फलस्वरूप उन्हें विवेक पर निर्भर रहना पड़ता है। मैक्गिल यूनिवर्सिटी के शोधकर्ता हेनरी मिंट्ज़बर्ग ने कहा है, "संगठनात्मक प्रभावकारिता तार्किकता नामक संकीर्ण अवधारणा में निहित नहीं होती। यह तो स्पष्ट मानसिक तर्क और

सशक्त सहज बोध के मिश्रण में निहित होती है।" विवेक की बदौलत लीडर आंशिक तस्वीर देखकर ही सहज बोध से बाक़ी तस्वीर की कल्पना कर सकता है और किसी मामले की तह तक पहुँच सकता है।

2. इससे समस्या सुलझाने की आपकी योग्यता बढ़ती है

यदि आप किसी समस्या की जड़ तक पहुँच जाते हैं, तो आप उसे बड़ी आसानी से सुलझा सकते हैं। लीडर अपनी प्रतिभा के क्षेत्र के जितने क़रीब होता है, उसका सहज बोध और मूल कारणों तक पहुँचने की योग्यता भी उतनी ही ज़्यादा सशक्त होती है। अगर आप अपने विवेक की पूर्ण क्षमता का दोहन करना चाहते हैं, तो अपनी शक्ति के क्षेत्रों में काम करें।

3. इससे आप अधिकतम असर डालने के लिए अपने विकल्पों को आँक सकते हैं

प्रबंधन परामर्शदाता रॉबर्ट हेलर ने यह सलाह दी है : "कभी भी मन की बात को नज़रअंदाज़ मत करो, लेकिन कभी भी इसे ही पर्याप्त मत मानो।" विवेक का अर्थ केवल सहज बोध पर आश्रित रहना नहीं है। इसका अर्थ केवल बुद्धि के भरोसे रहना भी नहीं है। विवेक आपको दिल और दिमाग़ दोनों का उपयोग करने का सामर्थ्य देता है, ताकि आप अपने कर्मचारियों और संगठन के लिए सर्वश्रेष्ठ विकल्प चुन सकें।

4. इससे आपके अवसर कई गुना हो जाते हैं

जिन लोगों में विवेक की कमी होती है, वे प्रायः सही समय पर सही जगह नहीं पहुँच पाते हैं। हालाँकि कई लोगों को लगता है कि महान लीडर्स ख़ुशक़िस्मत हैं, लेकिन मैं तो यही मानता हूँ कि लीडर्स अपने विवेक की वजह से अपनी "ख़ुशक़िस्मती" का निर्माण स्वयं करते हैं। ऐसा इसलिए होता है, क्योंकि उनमें अपने अनुभव का लाभ उठाने और अपनी नैसर्गिक प्रवृत्तियों के अनुसार चलने की गहरी इच्छा होती है।

इस पर विचार करना

क्या आप विवेकशील लीडर हैं ? जटिल मामले सामने आने पर क्या आप

उनकी तह तक तत्काल पहुँच सकते हैं? क्या आप पूरी जानकारी पाए बग़ैर मुश्किल समस्याओं के मूल कारण भाँपने में समर्थ हैं? क्या आप अपने सहज बोध पर भी उतना ही भरोसा करते हैं, जितना कि अपनी बुद्धि और अनुभव पर करते हैं? अगर ऐसा नहीं है, तो आपको इसे विकसित करने की ज़रूरत है। अपारंपरिक चिंतन को महत्व दें। ज़रा हटकर सोचें। परिवर्तन, जटिलता और अनिश्चितता की परिस्थितियों को अंगीकार करें। अनुभव के माध्यम से अपने क्षितिज को विस्तार दें। आपका सहज बोध प्रयोग के साथ अपने आप बढ़ने लगेगा।

इसे आत्मसात करना

अपने विवेक को बढ़ाने के लिए निम्न कार्य करें :

* *पिछली सफलताओं का विश्लेषण करें।* उन समस्याओं पर निगाह डालें, जिन्हें आपने अतीत में सफलतापूर्वक सुलझाया है। समस्या का मूल मुद्दा क्या था? आप किस चीज़ की बदौलत सफल हुए? यदि आप कुछ शब्दों में मामले की तह तक पहुँच सकें, तो आप शायद भावी मामलों में भी ऐसा करना सीख सकते हैं।

* *यह सीखें कि दूसरे लोग किस तरह सोचते हैं।* आप किन महान लीडर्स के प्रशंसक हैं? कुछ ऐसे लोगों को चुनें, जिनका पेशा या प्रतिभा आपके समान हो और उनकी जीवनी पढ़ें। दूसरे विवेकशील लीडर्स किस तरह सोचते हैं, यह सीखकर आप ज़्यादा विवेकशील बन सकते हैं।

* *अंतरात्मा की आवाज़ सुनें।* ऐसे अवसर याद करें, जब आपके सहज बोध ने आपसे "कुछ कहा" था और उसकी बात सही निकली थी (चाहे आपने उस वक़्त उसकी बात सुनी हो या न सुनी हो)। उन अनुभवों में क्या चीज़ समान थी? ऐसी प्रक्रियाओं और आदतों की तलाश करें, जो आपको सहज बोध की अपनी योग्यता के बारे में अंतर्दृष्टि दे सकें।

दैनिक सबक़

घड़ियों के निर्माण में स्विट्ज़रलैंड का दबदबा लंबे समय तक रहा। वहाँ सर्वश्रेष्ठ घड़ियाँ बनती थीं। 1940 के दशक तक संसार की 80 प्रतिशत घड़ियाँ स्विट्ज़रलैंड में ही बनती थीं। 1960 के दशक के अंत में एक आविष्कारक के मन में एक नए प्रकार की घड़ी का विचार आया। जब उसने यह विचार स्विट्ज़रलैंड की एक वॉच कंपनी के अधिकारियों के सामने रखा, तो उन्होंने उसे ठुकरा दिया। वास्तव में, वह आविष्कारक स्विट्ज़रलैंड की जितनी भी नामी कंपनियों के पास गया, उन सभी ने उसका प्रस्ताव ठुकरा दिया।

उस आविष्कारक को पूरा विश्वास था कि उसकी डिज़ाइन में दम है, इसलिए अंततः वह उसे एक जापानी कंपनी के पास ले गया। उस कंपनी का नाम था सीको और घड़ी की डिज़ाइन का नाम था डिजिटल। आज संसार की 80 प्रतिशत घड़ियाँ डिजिटल हैं। एक विवेकपूर्ण निर्णय आपकी समूची नियति बदल सकता है।

एकाग्रता :
यह जितनी पैनी होती है,
आप भी उतने ही पैने होते हैं

यदि आप दो ख़रगोशों का पीछा करेंगे, तो दोनों ही
बचकर निकल भागेंगे।

– अज्ञात

लोग जो कहते हैं, लोग जो करते हैं और लोग जो कहते
हैं कि वे करते हैं– ये तीनों ही बिलकुल अलग-अलग
चीज़ें होती हैं।

– मार्गरेट मीड, मानव विज्ञानी

एक अलग प्रकार का एकांगी मस्तिष्क

1998 की बात है। मेजर लीग बेसबॉल के राष्ट्रीय लीग ख़िताब के लिए अटलांटा ब्रेव्ज़ और सैन डिएगो पैड्रीज़ के बीच भिड़ंत हो रही थी। मुझे इसके कई मैच देखने का सौभाग्य मिला। जब मैं सैन डिएगो में रहता था, तब मैं पैड्रीज़ का कट्टर समर्थक था। बहरहाल, 1997 में अटलांटा में बसने के बाद मैंने पाला बदल लिया और ब्रेव्ज़ का समर्थन करने लगा। मैं पूरे सीज़न उनकी जमकर हिमायत करता रहा– जब तक कि फ़ाइनल में उनका मुक़ाबला सैन डिएगो से नहीं हुआ। सवाल यह उठता है कि फ़ाइनल में मैं उनका समर्थन क्यों नहीं कर पाया? सच तो यह था कि मैं टॉनी ग्विन का विरोध करने का मन नहीं बना पाया।

टॉनी ग्विन बीती आधी सदी के सबसे बड़े हिटर हैं– टेड विलियम्स के बाद सर्वश्रेष्ठ। उन्होंने आठ बैटिंग टाइटल्स जीते हैं, जो अविश्वसनीय रिकॉर्ड लगता है (सिर्फ़ टाई कॉब ने इससे ज़्यादा जीते हैं।) अपने कैरियर में उन्होंने .339 का ज़बर्दस्त स्कोर दिया है। ग्विन का खेल देखने में हमेशा मज़ा आता है। मुझे पूरा यक़ीन है कि वे कूपर्सटाउन, न्यूयॉर्क के हॉल ऑफ़ फ़ेम में जगह अवश्य बनाएँगे।

यदि आपने टॉनी ग्विन की तस्वीर न देखी हो, तो सड़क पर उन्हें देखकर आप यह अंदाज़ा नहीं लगा सकते कि वे एक पेशेवर बेसबॉल खिलाड़ी हैं। उनका क़द 5 फुट 11 इंच और वज़न 220 पौंड है। वे पहली नज़र में सितारा खिलाड़ी नज़र नहीं आते हैं, जैसे मार्क मैक्ग्वायर आते हैं। लेकिन इस बारे में कोई ग़लतफ़हमी न पालें : ग्विन बहुत ही प्रतिभाशाली खिलाड़ी हैं, जिन्हें कॉलेज में पढ़ते समय ही बेसबॉल और बास्केटबॉल के लीग मैचों के लिए चुन लिया गया था। हालाँकि उनमें ज़बर्दस्त प्रतिभा है, लेकिन उनकी सफलता की असली कुंजी है एकाग्रता।

टॉनी ग्विन को बेसबॉल हिट करना बहुत प्रिय है और वे इसके प्रति पूरी तरह *समर्पित* हैं। हर सीज़न में वे टेड विलियम्स की पुस्तक *द साइंस ऑफ़ हिटिंग* कई बार पढ़ते हैं। उन्होंने कॉलेज के दिनों में इस पुस्तक को पहली बार पाया और पढ़ा था। इसके अलावा, वे घंटों वीडियोटेप्स देखते रहते हैं। उनके घर में हिटिंग टेप्स की अच्छी-ख़ासी लाइब्रेरी है। उनके पास पाँच वीसीआर हैं, जिन पर वे सैटेलाइट डिश के माध्यम से

मैच रिकॉर्ड करते रहते हैं और अपनी लाइब्रेरी को बढ़ाते रहते हैं। वे यात्रा करते समय भी टेप की समीक्षा में जुटे रहते हैं। जब वे मैच खेलने जाते हैं, तो दो वीसीआर साथ लेकर जाते हैं, ताकि वे अपनी बैटिंग रिकॉर्ड कर सकें। जब वे बैटिंग नहीं करते हैं या टेप नहीं देखते हैं, तब भी वे बेसबॉल हिट करने से ज़्यादा दूर नहीं होते हैं। उस वक़्त वे हिट करने के बारे में बातचीत करते हैं– अपने टीम के खिलाड़ियों या टेड विलियम्स जैसे महान खिलाड़ियों के साथ।

हिटिंग से ग्विन का मन कभी नहीं भरता। इससे उन्हें अपार आनंद मिलता है। उनके साथ ऐसा कई बार हो चुका है कि सामाजिक कार्यक्रमों में उनकी जेब से एक बैटिंग ग्लव झाँक रहा था, क्योंकि वे बीच में कहीं पर हिटिंग करने के लिए रुक गए थे। और जब वे प्रैक्टिस नहीं करते हैं, टेप नहीं देखते हैं या दूसरे हिट्स के साथ बातचीत नहीं करते हैं, तो वे पिंग-पॉन्ग खेलते हैं या अपने हाथों और आँखों के तालमेल को बेहतर बनाने वाली अन्य गतिविधियाँ करते हैं। पूरे कैरियर के दौरान सैन डिएगो में बने रहने का निर्णय भी उन्होंने इसीलिए लिया, ताकि उनका खेल बेहतर हो सके। ग्विन कहते हैं, "मैं अच्छी तरह जानता हूँ कि मैं कितना झेल सकता हूँ। सैन डिएगो में बहुत कम व्यवधान हैं। यहाँ मीडिया का बहुत ज़्यादा शोर-शराबा नहीं है। इससे मुझे निरंतरता बनाए रखने में मदद मिलती है।"

निरंतरता की बात बिलकुल सही है। ग्विन ने अपने पेशेवर कैरियर के हर सीज़न में .300 से अधिक बैटिंग स्कोर किया है, एक बार को छोड़कर– उनके पहले सीज़न में। स्तंभकार जॉर्ज विल मानते हैं कि ग्विन जैसे उत्कृष्ट लोग अपने कार्य में "इस तरह की एकाग्रता विकसित कर लेते हैं, जिसका ज़्यादातर लोगों को अंदाज़ा भी नहीं होता।"

विस्तृत विवरण

सचमुच प्रभावी लीडर बनने के लिए पूरा ध्यान केंद्रित करने की ज़रूरत होती है। और ध्यान केंद्रित करने की कुंजियाँ हैं प्राथमिकताएँ और एकाग्रता। जो लीडर अपनी प्राथमिकताएँ तो जानता है, लेकिन उसमें एकाग्रता की कमी होती है, वह यह तो जानता है कि कौन सा काम

करना है, लेकिन उसे कभी कर नहीं पाता। अगर उसमें एकाग्रता है, लेकिन प्राथमिकताएँ नहीं हैं, तो उसके पास उत्कृष्टता तो होती है, लेकिन प्रगति नहीं होती। जब वह दोनों का दोहन करता है, तभी वह महान चीज़ें हासिल कर सकता है।

मैं अक्सर नेतृत्व के पदों पर बैठे ऐसे लोगों को देखता हूँ, जो छोटी-छोटी चीज़ों में बहुत समय बर्बाद करते हैं। इसमें ज़रा भी समझदारी नहीं होती। यह तो वैसी ही बात हो गई, जैसे टॉनी ग्विन बेस चुराने के अध्ययन में अपना सारा समय लगा दे। देखिए, ग्विन बेस चुरा सकता है। उसने अपने कैरियर में तीन सौ से ज़्यादा बेस चुराए भी हैं, लेकिन यह उसकी शक्ति नहीं है। यदि वह हिटिंग के बजाय बेस चुराने में अपना सारा समय लगा दे, तो यह उसके समय और प्रतिभा दोनों की ही बर्बादी होगी।

इसलिए सबसे महत्त्वपूर्ण सवाल यह है, आपको अपना समय और ऊर्जा कहाँ केंद्रित करनी चाहिए ? अपनी मदद के लिए इन दिशानिर्देशों पर चलें :

70 प्रतिशत ध्यान शक्तियों पर केंद्रित करें

जो प्रभावी लीडर्स अपनी विराट संभावना को छू पाते हैं, वे अपना अधिकांश समय उन कामों पर केंद्रित करते हैं, जिन्हें वे अच्छी तरह करते हैं। वे अपना अधिकांश समय अपने ख़राब कामों पर केंद्रित नहीं करते हैं। लीडरशिप विशेषज्ञ पीटर ड्रकर कहते हैं, "बड़ा रहस्य यह नहीं है कि लोग ख़राब तरीक़े से चीज़ें करते हैं; बड़ा रहस्य तो यह है कि वे कभी-कभार कुछ चीज़ें अच्छी तरह से करते हैं। अक्षमता सर्वव्यापी है; शक्ति हमेशा विशिष्ट होती है! मिसाल के तौर पर, किसी ने भी आज तक यह नहीं कहा कि महान वायलिन वादक जास्का हेफ़ेट्ज़ तुरही अच्छी तरह नहीं बजा सकते।" सफल होने के लिए अपनी शक्तियों पर ध्यान केंद्रित करें और उन्हें विकसित करें। आपको अपना समय, ऊर्जा और संसाधन यहीं पर केंद्रित करना चाहिए।

25 प्रतिशत ध्यान नई चीज़ों पर केंद्रित करें

विकास का मतलब है परिवर्तन। यदि आप बेहतर बनना चाहते हैं, तो आपको ख़ुद को लगातार बदलना और सुधारना होगा। इसका मतलब है नए क्षेत्रों में क़दम रखना। कई साल पहले टेड विलियम्स के साथ हुई बातचीत के बाद ग्विन ने इस काम की मिसाल पेश की है। अनुभवी विलियम्स ने उन्हें यह सुझाव दिया कि अगर ग्विन अंदर की ओर आने वाली गेंदों को हिट करना सीख लें, तो उनका खेल बेहतर हो जाएगा। उस वक़्त ग्विन बाहर की ओर जाने वाली गेंदों को पसंद करते थे, लेकिन उन्होंने टेड की सलाह पर मेहनत की। परिणाम यह हुआ कि उनके औसत में उल्लेखनीय वृद्धि हो गई। यदि आप अपनी शक्ति के क्षेत्रों में नया काम सीखने में समय लगाते हैं, तो आप लीडर के रूप में विकास करते रहेंगे। यह कभी न भूलें : नेतृत्त्व करते समय अगर आप विकास नहीं करेंगे, तो आप ख़त्म हो जाएँगे।

5 प्रतिशत ध्यान कमज़ोर क्षेत्रों पर केंद्रित करें

कोई भी अपनी कमज़ोरी के क्षेत्रों में मेहनत करने से पूरी तरह नहीं बच सकता। कुंजी यह है कि इसे यथासंभव न्यूनतम ही रखा जाए। इसका सरल उपाय यह है कि लीडर्स दूसरों को काम सौंप दें। मिसाल के तौर पर, मैं विवरण बनाने का कार्य दूसरों को सौंप देता हूँ। द इनजॉय ग्रुप की एक टीम मेरे सम्मेलनों के आयोजन के पूरे विवरण देखती है। मैं तो उन सम्मेलनों में वही काम करता हूँ, जो मैं सबसे अच्छी तरह कर सकता हूँ, जैसे भाषण देना।

इस पर विचार करना

फ़ोकस के क्षेत्र में आप ख़ुद को कौन सा ग्रेड देंगे ? क्या आप छोटी-छोटी चीज़ों पर बहुत ज़्यादा ध्यान दे रहे हैं ? क्या आप अपनी कमज़ोरियों को ठीक करने में इतना ज़्यादा समय लगा रहे हैं कि अपनी शक्तियों का प्रयोग ही नहीं कर पा रहे हैं ? क्या सबसे कम संभावना वाले कर्मचारी आपको लगभग सारा समय खा रहे हैं ? अगर ऐसा है, तो शायद आपने अपना फ़ोकस गँवा दिया है।

अपने फ़ोकस या ध्यान के केन्द्र को दोबारा पटरी पर लाने के लिए ये चीज़ें करें :

स्वयं पर काम करें। आप ही अपनी सबसे बड़ी संपत्ति या विपत्ति हैं।

अपनी प्राथमिकताओं पर काम करें। आपको उनकी ख़ातिर संघर्ष करना होगा।

अपनी शक्तियों के क्षेत्र में काम करें। आप अपनी पूर्ण संभावना तक पहुँच सकते हैं।

अपने साथियों के साथ मिलकर काम करें। आप अकेले असरदार नहीं हो सकते।

इसे आत्मसात करना

अपने फ़ोकस या ध्यान के केन्द्र को बेहतर बनाने के लिए निम्न कार्य करें :

* *अपनी शक्तियों पर ज़्यादा ध्यान दें।* उन तीन-चार चीज़ों की सूची बनाएँ, जो आप अपने कामकाज में सबसे अच्छी तरह करते हैं। आप उनमें अपना कितना प्रतिशत समय लगाते हैं ? शक्ति के इन क्षेत्रों में आप अपने संसाधनों का कितना प्रतिशत हिस्सा लगाते हैं ? ऐसे परिवर्तन करें, ताकि आप अपना 70 प्रतिशत समय अपनी शक्तियों को दे सकें। अगर आप ऐसा नहीं कर सकते, तो शायद आपको अपनी नौकरी या कैरियर का दोबारा मूल्यांकन करना चाहिए।

* *अपनी कमज़ोरियों के क्षेत्र में दूसरों का सहयोग लें।* ऐसी तीन-चार गतिविधियों को पहचानें, जो आपके कामकाज के लिए आवश्यक तो हैं, लेकिन आप उन्हें अच्छी तरह नहीं कर पाते हैं। यह सोचें कि आप वे काम दूसरों को कैसे सौंप सकते हैं। क्या इसके लिए आपको अतिरिक्त स्टाफ़ रखना पड़ेगा ? क्या आप किसी सहकर्मी के साथ ज़िम्मेदारियों का बँटवारा कर सकते हैं ? इसकी योजना बनाएँ।

* *अगले स्तर पर पहुँचने का लक्ष्य बनाएँ।* अपनी प्राथमिकताओं पर ग़ौर करने के बाद अब अपनी एकाग्रता के बारे में विचार करें।

अपनी शक्ति के प्रमुख क्षेत्र में अगले स्तर पर पहुँचने के लिए आपको किन चीज़ों की ज़रूरत है? आपको किन नए औज़ारों की आवश्यकता है? आप कैसे काम करते हैं, इस बारे में दोबारा सोचें और त्याग करने के लिए तैयार रहें। अगले स्तर पर पहुँचने के लिए समय और धन का निवेश करें। और यही वह सबसे अच्छा निवेश है, जो आप कर सकते हैं।

दैनिक सबक़

जानवरों के अनुभवी प्रशिक्षक शेर के पिंजरे में क़दम रखते समय अपने साथ एक स्टूल लेकर जाते हैं। स्टूल ही क्यों? किसी और तरीक़े की तुलना में यह सबसे बेहतर ढँग से शेर को पालतू बना देता है– शायद बेहोश करने वाली बंदूक को छोड़कर। जब प्रशिक्षक स्टूल के पायों को शेर के चेहरे की ओर रखता है, तो शेर एक साथ चारों पायों पर ध्यान केंद्रित करने की कोशिश करता है। इससे वह पंगु हो जाता है। बँटा हुआ ध्यान हमेशा आपको कमज़ोर करता है।

उदारता :

जब आपका दीपक किसी दूसरे दीपक को रोशन करता है, तो आपके दीपक को कोई नुक़सान नहीं होता

पाने के लिए आज तक किसी को भी सम्मानित नहीं किया गया। सम्मान हमेशा उसी को मिलता है, जिसने कुछ दिया है।

– कैल्विन कूलिज, अमेरिकी राष्ट्रपति

देना जीवन का सर्वोच्च स्तर है।

– जॉन सी. मैक्सवेल

इसकी शुरुआत हृदय में होती है

उदार लोगों के बारे में सोचते वक़्त आपके दिमाग़ में किनके चित्र उभरते हैं? क्या बीसवीं सदी की शुरुआत के करोड़पति परोपकारियों के चित्र उभरते हैं : जैसे एंड्रयू कारनेगी, जे. पी. मॉर्गन और एंड्रयू मेलन? या फिर आप जोआन क्रॉक या बिल गेट्स जैसे समकालीन दानदाताओं के बारे में सोचने लगते हैं? इन लोगों ने करोड़ों डॉलर दान में दिए हैं। लेकिन मैं आपका परिचय एक अलग प्रकार की दानी हस्ती से करवाना चाहता हूँ। शायद आपने उनके बारे में आज तक नहीं सुना होगा, लेकिन उन्होंने जो दान दिया, वह सबसे बड़ा दान था, जो केवल हृदय से ही दिया जा सकता है।

उस हस्ती का नाम है एलिज़ाबेथ इलियट। 1950 के दशक की शुरुआत में वे धर्मप्रचारकों के समूह के साथ इक्वाडोर गई थीं। वे लोग क्विचुआ इंडियन्स तक पहुँचना चाहते थे। उस समूह में जिम नामक युवक भी था, जो 1947 से एलिज़ाबेथ से प्रेम कर रहा था। जब वे दोनों इक्वाडोर के मूल निवासियों की सेवा में साथ-साथ काम कर रहे थे, तो उन्होंने आख़िरकार एक–दूसरे के प्रति ख़ुद को समर्पित कर दिया और विवाह कर लिया।

वे लगभग दो साल तक साथ रहे और इस बीच उन्हें एक बेटी भी हो गई। जब वैलेरी नाम की बेटी दस महीने की थी, तब जिम और चार अन्य धर्मप्रचारकों के मन में एक विचार आया। वे ऑका नामक रहने वाले जंगलियों के छोटे समूह से संपर्क बनाने के बारे में सोचने लगे, जिसकी छवि बहुत ख़ूँख़ार थी। सत्रहवीं शताब्दी की शुरुआत में एक पुजारी ने सबसे पहले उनसे संपर्क किया था और उन्होंने उस पुजारी को मार डाला था। इसके बाद जिसने भी उन जंगलियों से संपर्क किया, उसका यही अंजाम हुआ। इस समूह की क्रूरता के कारण इक्वाडोर के बाक़ी मूल निवासी क़बीले भी इससे कतराते थे।

जब जिम और बाक़ी लोग इस समूह से संपर्क करने की तैयारी कर रहे थे, तो एलिज़ाबेथ जानती थीं कि इसमें बहुत ख़तरा है। उन्हें पता था कि ये पाँचों पुरुष अपनी जान जोखिम में डाल रहे हैं, लेकिन इसके बावजूद उन्होंने उन लोगों को रोकने की कोई कोशिश नहीं की। उनका संकल्प

अटल था, क्योंकि उन दोनों ने ही इस मिशन की ख़ातिर अपने जीवन को समर्पित कर दिया था। कुछ हफ़्तों तक एक मिशनरी पायलट ने ऑका के गाँव के ऊपर एक छोटे हवाई जहाज़ में उड़ान भरी। उसने रसद और अन्य सामान उपहार के रूप में गिराए। इस सामान में उनकी तस्वीरें भी शामिल थीं, ताकि जंगली लोग पहली मुलाक़ात में उन्हें पहचान लें।

कुछ सप्ताह बाद जिम चार अन्य पुरुषों के साथ कुरेरे नदी के तट पर उतरा। वहाँ अपना शिविर लगाने के बाद उन्होंने ऑका के तीन लोगों- एक पुरुष और दो महिलाएँ- से संपर्क किया, जो दोस्ताना और मिलनसार लग रहे थे। अगले कुछ दिनों में वे कई अन्य जंगलियों से भी मिले। उन्होंने रेडियो द्वारा अपनी पत्नियों को सूचित किया कि क़बीले के साथ उनकी दोस्ती काफ़ी अच्छी तरह बढ़ती जा रही है।

लेकिन कुछ दिन बाद पुरुष पूर्व-निर्धारित समय पर लौटकर शिविर में नहीं आ पाए। उनकी पत्नियाँ उनके संदेश का इंतज़ार करती रहीं। मिनट गुज़रते गए, फिर घंटे और फिर पूरा एक दिन गुज़र गया, लेकिन कोई संदेश नहीं आया। एलिज़ाबेथ और बाक़ी महिलाएँ मन ही मन सबसे बुरे अंजाम की आशंका से सहम उठीं।

पुरुषों की तलाश में एक खोजी दल भेजा गया, जिसने रेडियो द्वारा बुरी ख़बर भेजी। उन्हें नदी में एक श्वेत व्यक्ति की लाश तैरती मिली थी। खोजियों ने एक-एक करके उन सभी को ढूँढ़ निकाला। हर एक के साथ वही हुआ था : उन्हें भालों से चीर दिया गया था। पाँचों पुरुष मर चुके थे।

इन परिस्थितियों में ज़्यादातर लोग घर लौट गए होते। दूसरों की मदद की ख़ातिर अमेरिका का आरामदेह जीवन छोड़ने की इच्छा एक बात है और अपने जीवनसाथी को खो देना बिलकुल ही दूसरी बात है। लेकिन एलिज़ाबेथ इलियट का हृदय सचमुच उदार था। इतने भयंकर हादसे के बावजूद वे इक्वाडोर के मूल निवासियों की मदद करना चाहती थीं। वे वहीं रुकीं और क्विचुआ इंडियन्स के साथ रहते हुए उनकी सेवा करती रहीं।

इसके बाद जो हुआ, वह और भी ज़्यादा उल्लेखनीय था। दूसरे धर्मप्रचारक लगातार ऑका गाँव से संपर्क बनाने की कोशिश करते रहे। आख़िर दो-तीन साल बाद उन्हें अपने मक़सद में कामयाबी मिली। यह

पता चलते ही एलिज़ाबेथ इलियट तुरंत उस गाँव में पहुँच गईं। क्या प्रतिशोध लेने की ख़ातिर ? नहीं, वे तो वहाँ के लोगों के साथ काम करने और उनकी सेवा करने गई थीं। इलियट दो साल तक ऑका के लोगों के बीच रहीं और उनकी सेवा करती रहीं। उस क़बीले के अधिकांश लोगों ने ईश्वर के प्रेम का वह संदेश खुशी-खुशी स्वीकार कर लिया, जिसे वे साथ लेकर गई थीं। इनमें उनके पति के सात में से दो हत्यारे भी शामिल थे।

विस्तृत विवरण

लीडर की उदारता दूसरों के दिल को जितना छूती है और उनकी जितनी सेवा करती है, उतनी कोई दूसरी चीज़ नहीं कर पाती। सच्ची उदारता कभी-कभार होने वाली घटना नहीं होती। यह तो हृदय से उत्पन्न होती है और लीडर के जीवन के हर पहलू में झलकती है। यह उसके समय, धन, गुणों और संपत्तियों आदि क्षेत्रों में भी साफ़ नज़र आती है। जिन प्रभावी लीडर्स का लोग अनुसरण करना चाहते हैं, वे सिर्फ़ अपने लिए चीज़ें इकट्ठी नहीं करते हैं; वे दूसरों को देने के लिए ऐसा करते हैं। अपने जीवन में उदारता का गुण विकसित करने के लिए ये कार्य करें :

1. आपके पास जो है, उसके लिए कृतज्ञ रहें

आपके पास जो भी है, यदि आप उससे संतुष्ट नहीं है, तो आप उदार कैसे हो सकते हैं ? उदारता ज़्यादा हासिल करने की इच्छा से नहीं, बल्कि संतोष से उत्पन्न होती है। करोड़पति जॉन डी. रॉकफ़ेलर ने स्वीकार किया था, "मैंने करोड़ों डॉलर कमाए, लेकिन उनसे मुझे आज तक कोई खुशी नहीं मिली।" यदि आप कम में संतुष्ट नहीं हैं, तो ज़्यादा में भी संतुष्ट नहीं होंगे। और अगर आप कम में उदार नहीं हैं, तो दौलतमंद बनने के बाद आप अचानक बदल नहीं जाएँगे।

2. लोगों को पहले स्थान पर रखें

किसी लीडर की हस्ती को मापने का पैमाना यह नहीं है कि कितने लोग उसकी सेवा करते हैं। पैमाना तो यह है कि वह कितने लोगों की सेवा करता

है। उदारता के लिए दूसरों को पहले स्थान पर रखने की ज़रूरत होती है। अगर आप यह कर लेते हैं, तो फिर देना काफ़ी आसान हो जाता है।

3. संपत्ति की इच्छा से नियंत्रित न हों

मेरे मित्र अर्ल विल्सन के अनुसार लोगों को तीन समूहों में बाँटा जा सकता है, "अमीर, ग़रीब और वे लोग, जिन्होंने अपनी संपत्ति की क़ीमत अदा नहीं की है।" अधिकाधिक लोग चीज़ें हासिल करने की इच्छा के ग़ुलाम होते जा रहे हैं। लेखक रिचर्ड फ़ॉस्टर ने लिखा है, "चीज़ों का स्वामी बनना हमारी संस्कृति की दीवानगी है। जब हम किसी चीज़ के मालिक बन जाते हैं, तो हमें लगता है कि हम उसे नियंत्रित कर सकते हैं। हमें यह भी महसूस होता है कि नियंत्रण हमारे हाथ में होने पर उस चीज़ से हमें ज़्यादा आनंद मिलेगा। यह कोरी ग़लतफ़हमी के सिवा और कुछ नहीं है।" यदि आप अपने हृदय पर पूर्ण नियंत्रण रखना चाहते हैं, तो कभी भी अपनी दौलत और चीज़ों को ख़ुद पर हावी न होने दें।

4. धन को सिर्फ़ संसाधन मानें

किसी ने कभी कहा था कि पैसे के मामले में आप किसी तरह नहीं जीत सकते। अगर आप पैसा कमाने पर ध्यान केंद्रित करते हैं, तो आप भौतिकतावादी हैं। अगर आप कोशिश करने के बावजूद नहीं कमा पाते, तो आप पराजित हैं। अगर आप बहुत सारा पैसा कमाकर उसका संग्रह करते हैं, तो आप कंजूस हैं। अगर आप इसे कमाकर पूरा ख़र्च कर देते हैं, तो आप फ़िज़ूलख़र्च हैं। अगर आप पैसा कमाने की परवाह ही नहीं करते, तो आप महत्वाकांक्षा से रहित हैं। अगर आप बहुत सा पैसा कमा लेते हैं और मरते दम तक उसे अपने पास रखते हैं, तो आप मूर्ख हैं- क्योंकि आप उसे अपने साथ ले जाने की कोशिश कर रहे थे।

पैसे से सचमुच जीतने का एकमात्र तरीक़ा यह है कि इसे हल्के हाथों से पकड़ा जाए- और महत्त्वपूर्ण चीज़ें हासिल करने के लिए इसका उदारता से इस्तेमाल किया जाए। जैसा ई. स्टेनली जोन्स ने कहा था, "धन एक अद्भुत सेवक, लेकिन भयंकर स्वामी है। अगर यह सर चढ़ जाए और आप इसके शिकंजे में आ जाएँ, तो आप इसके ग़ुलाम बन जाएँगे।"

5. देने की आदत डालें

1889 में करोड़पति उद्योगपति एंड्रयू कारनेगी ने "गॉस्पेल ऑफ़ वेल्थ" नामक निबंध लिखा था। इसमें उन्होंने कहा था कि एक दौलतमंद व्यक्ति के जीवन में दो दौर होने चाहिए : एक दौलत हासिल करने का और दूसरा उसे दान देने का। उदारता का नज़रिया बनाए रखने का एकमात्र तरीक़ा यह है कि आप देने की आदत डालें- अपना समय, ध्यान, धन और संसाधन। रिचर्ड फ़ॉस्टर की सलाह पर ग़ौर करें, "केवल धन, या किसी दूसरी क़ीमती वस्तु, को छोड़ने भर से ही हमारे भीतर कुछ हो जाता है। इससे लोभ का राक्षस मर जाता है।" यदि आप लोभ के ग़ुलाम हैं, तो आप नेतृत्व नहीं कर सकते।

इस पर विचार करना

क्या आप सचमुच उदार लीडर हैं? क्या आप दूसरों का मूल्य या महत्त्व बढ़ाने के तरीक़े लगातार खोजते रहते हैं? क्या आप स्वयं से ज़्यादा महत्त्वपूर्ण किसी चीज़ में धन लगा रहे हैं? और आप अपना समय कहाँ लगा रहे हैं? क्या आप दूसरों में अपना जीवन प्रवाहित कर रहे हैं? क्या आप उन लोगों की मदद कर रहे हैं, जो आपकी मदद नहीं कर सकते या बदले में कुछ नहीं दे सकते? लेखक जॉन बनयन ने कहा था, "अगर आपने किसी ऐसे व्यक्ति के लिए कुछ न किया हो, जो कभी आपका बदला नहीं चुका सकता, तो आपने आज जीवन जिया ही नहीं।" यदि आप अपने जीवन के छोटे-छोटे क्षेत्रों में कुछ नहीं दे रहे हैं, तो शायद आप उतने उदार लीडर नहीं हैं, जितने कि हो सकते हैं।

इसे आत्मसात करना

अपनी उदारता को बढ़ाने के लिए निम्न कार्य करें :

* *कोई चीज़ दें।* पता लगाएँ कि आपकी संपत्ति का शिकंजा कितना मज़बूत है। किसी सचमुच मूल्यवान या महत्त्वपूर्ण चीज़ को लें। फिर किसी ऐसे व्यक्ति के बारे में सोचें, जिसकी आप परवाह करते हैं

और जिसे उस चीज़ से फ़ायदा हो सकता है। इसके बाद वह चीज़ उसे दे दें। यदि आप यह ग़ुमनाम रहकर कर सकें, तो और भी अच्छा रहेगा।

* *अपने धन का इस्तेमाल करें।* यदि आप किसी ऐसे व्यक्ति को जानते हैं, जिसके पास सचमुच कोई बड़ा काम करने का सपना है- जिसका दूसरों के जीवन पर सकारात्मक असर होगा- तो उसके सपने को साकार करने के लिए संसाधन मुहैया कराएँ। अपने धन को किसी ऐसे काम में लगाएँ, जो आपके बाद भी क़ायम रहे।

* *मार्गदर्शन देने के लिए किसी को चुनें।* जब आप अपने नेतृत्व में एक निश्चित ऊँचाई पर पहुँच जाते हैं, तो इसके बाद आप किसी को जो सबसे मूल्यवान चीज़ दे सकते हैं, वह आप स्वयं हैं। किसी ऐसे सुपात्र व्यक्ति की तलाश करें, जिसमें आप अपना जीवन प्रवाहित कर सकें। फिर उसे बेहतर लीडर बनाने के लिए समय और संसाधन प्रदान करें।

दैनिक सबक़

लोकप्रिय फ़्रांसीसी लेखक डॉमिनिक लापियरे एक नई पुस्तक पर शोध करने के लिए भारत की पहली यात्रा पर बड़ी शान-शौकत के साथ गए थे। वे एक रोल्स-रॉयस सिल्वर शैडो में गए थे, जो उन्होंने उसी समय पुस्तक के एडवांस से ख़रीदी थी। भारत में उन्हें वह सब मिल गया, जिसकी ज़रूरत उन्हें अपनी पुस्तक *द सिटी ऑफ़ जॉय* के लिए थी। लेकिन साथ ही उन्हें कुछ और भी मिला : दीन-दुखियों की मदद करने का ज़ज़्बा। इससे उनका जीवन हमेशा-हमेशा के लिए बदल गया। अब वे लेखन के अलावा दीन-दुखियों की मदद के लिए चंदा इकट्ठा करते हैं और समय व धन दोनों का दान देते हैं। उनका नज़रिया भारतीय कवि रवीन्द्रनाथ टैगोर के इन शब्दों में झलकता है, जो लापियरे के बिज़नेस कार्ड के पीछे छपे हैं : "जो कुछ भी आप नहीं देते हैं, उसे आप गँवा देते हैं।" आप इस समय किस चीज़ को जकड़े हुए हैं और गँवा रहे हैं?

पहल शक्ति :

इसके बिना आप घर से बाहर क़दम नहीं रख सकते

सफलता कर्म से जुड़ी हुई है। सफल लोग आगे बढ़ते रहते हैं। उनसे ग़लतियाँ तो होती हैं, लेकिन वे कभी मैदान नहीं छोड़ते।

— कॉनरेड हिल्टन, होटल एक्ज़ीक्यूटिव

लीडर को जिन चीज़ों से डरना चाहिए, उनकी सूची में सबसे ऊपर है आत्मसंतोष।

— जॉन सी. मैक्सवेल

एक और क़दम आगे

केमॉन्स विल्सन में पहलशक्ति हमेशा से थी। उन्होंने सात साल की उम्र में ही काम करना शुरू कर दिया था और वे उसके बाद कभी नहीं रुके। शुरुआत में वे पत्रिकाएँ, अख़बार और पॉपकॉर्न बेचते थे। 1930 में जब वे 17 साल के थे, तब उन्होंने पहली बार नौकरी के लिए कोशिश की और एक कॉटन ब्रोकर के यहाँ काम करने लगे। वे ब्रोकर के प्राइस बोर्ड पर भाव लिखते थे, जिसके बदले में उन्हें हर सप्ताह 12 डॉलर मिलते थे।

फिर वहाँ बुककीपर की जगह ख़ाली हुई, जिसकी तनख़्वाह 35 डॉलर प्रति सप्ताह थी। विल्सन ने इस पद के लिए आवेदन दिया और चुन लिए गए। लेकिन वहाँ भी उन्हें 12 डॉलर ही तनख़्वाह मिली। उन्होंने तनख़्वाह बढ़ाने का आग्रह किया और उनके आग्रह को नियोक्ता ने मान लिया। अगले सप्ताह उन्हें 3 डॉलर ज़्यादा मिले। जब विल्सन ने पूछा कि उन्हें दूसरे बुककीपर की तरह 35 डॉलर क्यों नहीं मिले, तो उन्हें बताया गया कि कंपनी सत्रह साल के लड़के को इतने ज़्यादा पैसे नहीं दे सकती। इस घटना के बाद के 75 बरसों में विल्सन ने कभी कोई नौकरी नहीं की।

उसके बाद विल्सन ने बहुत से व्यवसायों में पैसे बनाए : पिनबॉल मशीन, सॉफ़्ट ड्रिंक डिस्ट्रिब्यूशन और वेंडिंग मशीन आदि। आख़िर उन्होंने इतना पैसा बचा लिया कि अपनी माँ के लिए एक घर बना सकें। घर बनाते समय उन्हें अहसास हुआ कि इस काम में बहुत संभावनाएँ हैं। फिर क्या था, वे मेम्फ़िस में घर बनाने का व्यवसाय करने लगे। युद्ध के बाद इमारतों की भारी माँग से उन्हें काफ़ी फ़ायदा हुआ और वे दौलतमंद बन गए।

अपनी पहलशक्ति की बदौलत विल्सन ने बहुत पैसा बनाया, लेकिन इससे दुनिया पर कोई ख़ास असर नहीं हुआ– 1951 तक। उस साल मेम्फ़िस का यह व्यवसायी अपने परिवार के साथ छुट्टियाँ मनाने वॉशिंगटन, डी.सी. गया। उस यात्रा में उन्होंने अपनी आँखों से अमेरिका के होटलों की दुर्दशा देखी। 1920 के दशक से ही पूरे अमेरिका में मोटेल्स बनने लगी थीं। इनमें से कुछ परिवार के साथ ठहरने के लिए अच्छी थीं। बाक़ी में प्रति घंटे के हिसाब से पलंग किराए पर मिलते थे।

समस्या यह थी कि यात्री को यह पता नहीं होता था कि उसे कहाँ क्या मिलेगा।

विल्सन ने बाद में बताया, "आपको कभी पता नहीं लग सकता था कि मोटेल में आपको क्या मिलेगा। उनमें से कुछ तो इतनी गंदी थीं कि शब्दों में नहीं बताया जा सकता। और सभी मोटेल्स में बच्चों के अतिरिक्त पैसे लिए जाते थे। इससे मेरा स्कॉटिश ख़ून खौल उठा।" विल्सन का ग़ुस्सा जायज़ था, क्योंकि उनके पाँच बच्चे थे, जिस वजह से उनका ख़र्च वाक़ई बहुत बढ़ जाता था। मोटेल्स में एक कमरे का प्रति रात किराया 4 से 6 डॉलर के बीच था और हर बच्चे के लिए 2 डॉलर *अतिरिक्त* देने पड़ते थे। इस तरह उनका बिल तिगुना हो जाता था।

ज़्यादातर लोग इसके बारे में शिकायत करके भूल जाते। लेकिन विल्सन में हमेशा से पहलशक्ति थी, इसलिए उन्होंने इस बारे में कुछ करने का निश्चय किया। उन्होंने अपनी पत्नी से कहा, "घर लौटकर हम पारिवारिक होटल्स की एक चेन शुरू करेंगे, जिसके नाम पर लोग भरोसा कर सकें।" उनका लक्ष्य चार सौ होटल बनाने का था। उनकी पत्नी बस हँस दी।

जब विल्सन मेम्फ़िस लौटे, तो उन्होंने एक ड्राफ़्ट्समैन से अपने पहले मोटेल का डिज़ाइन बनवाया। वे चाहते थे कि उनकी चेन का हर मोटेल साफ़-सुथरा, सादा और एक सा हो। और वे चाहते थे उसमें वे सभी चीज़ें हों, जिनकी कमी उन्हें और उनके परिवार को खलती थी, जैसे हर कमरे में एक टी.वी. हो और मोटेल में एक पूल हो। अगले साल उन्होंने मेम्फ़िस के बाहरी इलाक़े में अपना पहला मोटेल खोला। इसका नाम सामने के 53 फ़ुट ऊँचे विशाल साइन बोर्ड पर दमक रहा था : हॉलिडे इन।

चार सौ मोटेल बनाने में विल्सन को उम्मीद से ज़्यादा समय लग गया। 1959 तक उन्होंने सौ मोटेल बना लिए थे। जब उन्होंने इसके फ़्रैंचाइजी देने का फ़ैसला किया, उसके बाद मोटेलों की संख्या तेज़ी से बढ़ने लगी। 1964 तक पाँच सौ हॉलिडे इन्स बन गए। 1968 में इनकी संख्या एक हज़ार तक पहुँच गई। 1972 तक एक नया हॉलिडे इन हर बहत्तर घंटों में संसार में किसी न किसी जगह पर खुलता था। मोटेल चेन

1979 में भी लगातार विकास की राह पर थी, जब हार्ट अटैक के बाद विल्सन ने कंपनी का नेतृत्व छोड़ दिया।

विल्सन ने कहा, "युवावस्था में मैं इतना भूखा था कि मुझे आजीविका अर्जित करने के लिए कुछ न कुछ करना ज़रूरी था। हार्ट अटैक के बाद रिटायरमेंट लेकर मैं आराम करने के लिए घर चला गया। यह आराम लगभग एक महीने तक ही चल पाया।" पहलशक्ति वाले इंसान के लिए काम छोड़ना बड़ा मुश्किल होता है।

विस्तृत विवरण

द 21 इररिफ़्यूटेबल लॉज़ ऑफ़ लीडरशिप में मैंने बताया था कि लीडर्स अपने अनुयायियों के साथ संपर्क जोड़ने की पहल करने के लिए उत्तरदायी हैं। लेकिन यही वह एकमात्र क्षेत्र नहीं है, जहाँ लीडर्स को पहलशक्ति का प्रदर्शन करना होगा। उन्हें हमेशा अवसरों की ताक में रहना चाहिए और कर्म करने के लिए तत्पर रहना चाहिए।

लीडर्स में ऐसे कौन से गुण होते हैं, जिनकी बदौलत वे उत्कृष्ट काम करने में समर्थ होते हैं ? मेरी नज़रों में इस श्रेणी में कम से कम चार गुण आते हैं।

1. वे जानते हैं कि वे क्या चाहते हैं

विनोदप्रिय पियानोवादक ऑस्कर लेवेंट ने एक बार मज़ाक में कहा था, "जब मैं अपना मन बना लेता हूँ, तो मैं अनिर्णयों से भरा होता हूँ।" दुर्भाग्य से, कई लोग सचमुच ऐसे ही होते हैं। लेकिन कोई भी व्यक्ति एक ही समय में अनिर्णयशील और प्रभावी नहीं हो सकता। जैसा नेपोलियन हिल ने कहा था, "गहरी इच्छा ही समस्त उपलब्धि का शुरुआती बिंदु है।" यदि आप प्रभावी लीडर बनने जा रहे हैं, तो आपको पता होना चाहिए कि आप क्या चाहते हैं। यही आने वाले अवसर को पहचानने का एकमात्र तरीक़ा है।

2. वे ख़ुद को काम करने के लिए धकाते हैं

एक पुरानी कहावत है : "आप कर सकते हैं, बशर्ते आप चाहें।" पहल करने वाले लोग दूसरों द्वारा प्रेरित किए जाने का इंतज़ार नहीं करते। वे जानते हैं कि ख़ुद को आरामदेह क्षेत्र से बाहर धकाना उनकी स्वयं की ज़िम्मेदारी है। और वे इसकी नियमित आदत डाल लेते हैं। इसीलिए राष्ट्रपति थियोडोर रूज़वेल्ट, जो पहल करने के क्षेत्र में बीसवीं सदी के सबसे महान नेताओं में से एक थे, यह कहने में समर्थ थे, "मेरे जीवन के लेखे-जोखे में कुछ भी असाधारण या ज़बर्दस्त नहीं है, शायद इस एक चीज़ को छोड़कर : मैं वे काम करता हूँ, जिनके बारे में मुझे विश्वास होता है कि उन्हें किया जाना चाहिए... और जब मैं किसी काम को करने का मन बना लेता हूँ, तो मैं उसे कर देता हूँ।"

3. वे ज़्यादा जोखिम लेते हैं

जब लीडर्स जान जाते हैं कि वे क्या चाहते हैं और इसके बाद वे काम करने के लिए ख़ुद को धकेलते हैं, तब भी उनके सामने एक और बाधा रहती है। यह है जोखिम लेने की इच्छा। प्रोएक्टिव लोग हमेशा जोखिम लेते हैं। लेकिन अच्छे लीडर्स जोखिम इसलिए भी लेते हैं, क्योंकि उन्हें यह मालूम होता है कि पहल न करने की भी एक क़ीमत चुकानी पड़ती है। राष्ट्रपति जॉन एफ़. केनेडी ने कहा है, "किसी भी कार्य-योजना में जोखिम और लागत तो होती है, लेकिन यह आरामदेह निष्क्रियता के दीर्घकालीन जोखिम और लागत से बहुत कम होती है।"

4. वे ज़्यादा ग़लतियाँ करते हैं

पहल करने वालों के लिए अच्छी ख़बर यह है कि वे बड़े काम कर जाते हैं। बुरी ख़बर यह है कि इस दौरान उनसे बहुत सी ग़लतियाँ भी होती हैं। आईबीएम के संस्थापक थॉमस जे. वाटसन ने इस बात को पहचानते हुए टिप्पणी की थी, "सफल होने का तरीक़ा अपनी असफलता की दर को दोगुना करना है।"

     हालाँकि पहल करने वाले लीडर्स को ज़्यादा असफलता हाथ लगती है, लेकिन इससे वे हैरान-परेशान नहीं होते हैं। वे जानते हैं कि संभावना

जितनी बड़ी होती है, असफलता की आशंका भी उतनी ही अधिक होती है। सीनेटर रॉबर्ट केनेडी ने इसे सारांश में कहा था, "जिन लोगों में बड़े पैमाने पर असफल होने का साहस होता है, केवल वही बड़े पैमाने पर सफलता हासिल कर सकते हैं।" यदि आप लीडर बनकर महान चीज़ें हासिल करना चाहते हैं, तो पहल करने और जोखिम उठाने की तीव्र इच्छा के बिना काम नहीं चलेगा।

इस पर विचार करना

क्या आपमें पहलशक्ति है? क्या आप लगातार अवसरों की ताक में रहते हैं या फिर आप इस बात का इंतज़ार करते हैं कि अवसर ख़ुद चलकर आपके पास आए? क्या आप अपने सर्वश्रेष्ठ सहज बोध के आधार पर क़दम उठाने के इच्छुक रहते हैं? या फिर आप हर चीज़ का अंतहीन विश्लेषण ही करते रहते हैं? क्राइस्लर के पूर्व चेयरमैन ली आयाकोका ने कहा था, "अगर बहुत देर से लिया जाए, तो सही निर्णय भी ग़लत हो जाता है।" आपने अपने जीवन के किसी महत्वपूर्ण क्षेत्र में आख़िरी बार कब कोई उल्लेखनीय पहल की थी? यदि आपने कुछ समय से ख़ुद को अपने आरामदेह क्षेत्र से बाहर नहीं धकेला है, तो शायद आपको अपनी पहलशक्ति को तेज़ी से बढ़ाने की ज़रूरत है।

इसे आत्मसात करना

अपनी पहलशक्ति बढ़ाने के लिए निम्न कार्य करें :

✴ *अपनी मानसिकता बदलें।* यदि आपमें पहलशक्ति का अभाव है, तो पहचान लें कि समस्या दूसरों के कारण उत्पन्न नहीं हुई है; यह तो आपकी अंदरूनी समस्या है। यह पता लगाएँ कि आप कर्म करने में क्यों हिचकिचाते हैं। क्या आप जोखिम लेने से घबराते हैं? क्या आप अतीत की असफलताओं से हतोत्साहित होते हैं? क्या आप अवसर में मौजूद संभावना को नहीं भाँप पाते हैं? अपनी हिचक के स्रोत का पता लगाएँ और उसे दूर करें। जब तक आप भीतर आगे नहीं बढ़ सकते, तब तक आप बाहर भी आगे नहीं बढ़ पाएँगे।

✳ *इस बात का इंतज़ार न करें कि अवसर दरवाज़ा खटखटाएगा।* अवसर दरवाज़े पर दस्तक देकर नहीं आता है। आपको बाहर निकलकर इसकी तलाश करनी होती है। अपनी योग्यताओं, गुणों और संसाधनों को आँक लें। इससे आपको अपनी संभावना का अंदाज़ा हो जाएगा। इसके बाद एक सप्ताह तक हर दिन अवसरों की तलाश करें। आपको कहाँ आवश्यकताएँ नज़र आती हैं? आपमें जो विशेषज्ञता है, उसकी तलाश किसे है? अब तक पहुँच से दूर रहने वाले लोगों का वह कौन सा समूह है, जो दरअसल आपकी सेवाओं को हासिल करने के लिए बुरी तरह छटपटा रहा है? अवसर हर जगह मौजूद होता है।

✳ *अगला क़दम उठाएँ।* अवसर को देखना एक बात है, उसके बारे में कुछ करना दूसरी बात। जैसा किसी ने कहा था, नहाते समय हर एक के मन में कोई न कोई महान विचार आता है। लेकिन चंद ही लोग होते हैं, जो बाहर निकलकर अपना शरीर पोंछते हैं और उस विचार को लेकर कुछ करते हैं। आपको जो भी सर्वश्रेष्ठ अवसर दिखता हो, उसे चुन लें और उसे जितनी दूर तक ले जा सकते हों, ले जाएँ। तब तक न रुकें, जब तक कि आप उसे भुनाने के लिए हर संभव चीज़ न कर लें।

दैनिक सबक़

1947 में लेस्टर वंडरमैन नामक युवक न्यूयॉर्क की एक विज्ञापन एजेंसी में काम कर रहा था। एक दिन अचानक एजेंसी ने उसे नौकरी से निकाल दिया। लेकिन वह युवक जानता था कि वह एजेंसी के मुखिया मैक्स सैकहीम से बहुत कुछ सीख सकता है। अगली सुबह वंडरमैन दोबारा अपने ऑफ़िस आया और पहले की तरह काम करने लगा- लेकिन बिना तनख़्वाह के।

सैकहीम ने एक महीने तक उसे नज़रअंदाज़ किया, लेकिन आख़िरकार वे चलकर वंडरमैन के पास गए और बोले, "ठीक है, तुम जीत गए। मैंने पहले कभी ऐसा आदमी नहीं देखा, जिसे काम तनख़्वाह से ज़्यादा प्रिय हो।"

वंडरमैन बाद में विज्ञापन की दुनिया में सदी के सबसे सफल व्यक्तियों में से एक बने। उन्हें डायरेक्ट मार्केटिंग का जनक माना जाता है। आप आज जहाँ हैं, वहाँ से अपनी कल की संभावना तक पहुँचने के लिए आपको एक साहसिक क़दम उठाने की ज़रूरत है।

सुनना :

लोगों के दिल से जुड़ने के लिए अपने कानों का उपयोग करें

लीडर के कानों में लोगों की आवाज़ गूँजती रहनी चाहिए।

– वुडरो विल्सन, अमेरिकी राष्ट्रपति

एक अच्छा लीडर अनुयायियों को वह सब बताने के लिए प्रोत्साहित नहीं करता है, जो वह सुनना चाहता है। इसके बजाय वह तो उन्हें वह बताने के लिए प्रोत्साहित करता है, जो वह जानना चाहता है।

– जॉन सी. मैक्सवेल

वे जितना बोलती हैं, उससे ज़्यादा सुनती हैं

यदि आप अमेरिका के सबसे प्रभावी लोगों की सूची बनाएँ, तो आप उसमें किन लोगों को शामिल करेंगे ? निश्चित रूप से उस सूची में राष्ट्रपति तो होंगे ही। एलन ग्रीनस्पैन भी। माइकल जॉर्डन भी हो सकते हैं- उनका चेहरा इस संसार में सबसे ज़्यादा पहचाना जाने वाला चेहरा है। आप उसमें बिल गेट्स को शामिल करने की दलील भी दे सकते हैं। एक पल के लिए ठहरें और उन लोगों के बारे में विचार करें, जिन्हें आप शामिल करना चाहेंगे। अब मैं आपसे एक ऐसा नाम जोड़ने को कहूँगा, जिस पर आपने शायद विचार नहीं किया होगा ः ओपरा विनफ्री।

1985 में विनफ्री लगभग ग़ुमनाम थीं। वे स्टीवन स्पीलबर्ग की फ़िल्म द कलर पर्पल में नज़र आई थीं और शिकागो में एक स्थानीय मॉर्निंग टॉक शो की होस्ट थीं, जो वे एक साल से कर रही थीं। उनकी सफलता का श्रेय उनकी वाक्-क्षमता को दिया जा सकता है। जैसा वे कहती हैं, "लोगों के साथ संवाद करके ही मैंने अपने तमाम जीवनमूल्य विकसित किए।" बचपन में ही उनका यह हुनर सबको नज़र आ गया था। "मुझे याद है कि जब मैं दो साल की उम्र में चर्च में बोलती थी, तो लोग कहते थे, 'यह बच्ची सचमुच बोल सकती है। बड़ी बातूनी बच्ची है!'"

लेकिन विनफ्री सिर्फ़ बोलती ही नहीं हैं; वे जितना बोलती हैं, उससे ज़्यादा सुनती हैं। वास्तव में, सुनने की योग्यता उनके जीवन का एक प्रमुख गुण रही है। वे लगातार सीखती रहती हैं और उनकी सुनने की आदत पुस्तकों से ज्ञान ग्रहण करते समय पड़ी। उन्होंने कथा साहित्य और जीवनियों को पढ़कर सीखा कि दूसरे लोग कैसा महसूस करते और सोचते हैं- और इस प्रक्रिया में उन्होंने अपने बारे में भी जाना।

सुनने के प्रति यह रुझान कैरियर के हर मोड़ पर उनके काम आया। उनके टेलीविज़न शो में इसका लाभ स्पष्ट नज़र आता है। शो के लिए उपयुक्त विषय खोजने की फिराक में वे लगातार अवलोकन करती रहीं और लोगों की बातें सुनती रहीं। और वे अपने शो में आने वाली हस्तियों, लेखकों तथा विशेषज्ञों द्वारा कही गई बातों को पूरे मनोयोग से सुनती थीं। संगीत साम्राज्ञी मैडोना उनके बारे में कहती हैं, "वे इतने लंबे

समय से जनता की निगाह में हैं, लेकिन इसके बावजूद लोगों के साथ उनका अनूठा तालमेल है। मैं नहीं जानती कि वे ऐसा कैसे कर लेती हैं।" शायद सुनने की योग्यता के कारण।

सुनने की योग्यता से ओपरा विनफ़्री को बहुत फ़ायदा हुआ है। उन्होंने उल्लेखनीय सफलता और अविश्वसनीय प्रभाव हासिल किया। मनोरंजन के क्षेत्र में उन्हें संसार में सबसे ज़्यादा भुगतान मिलता है और उनके पास लगभग ढाई अरब डॉलर की संपत्ति है। हर सप्ताह सिर्फ़ अमेरिका में ही 3.3 करोड़ लोग उनके शो को देखते हैं।

उनका शो बेहद सफल रहा है, लेकिन कुछ समय पहले उन्होंने सोचा कि इसे बंद कर दिया जाए या इसमें कुछ नया किया जाए। उन्होंने यह निर्णय कैसे लिया कि इसमें कौन सी नई चीज़ की जाए ? ज़ाहिर है, उन्होंने अपने स्टाफ़ की राय ली।

उन्होंने उनसे कहा, "ज़रूरी नहीं है कि यह गंभीर काम की श्रेणी में आता हो। इस शो में परिवर्तन करना तो हमारे जीवन में परिवर्तन करने जैसा है। ऐसा करना मज़ेदार हो सकता है। देखते हैं, हम इसका विस्तार कैसे कर सकते हैं ? हम इसे ज़्यादा मज़ेदार बनाने के लिए क्या कर सकते हैं ?"

उनके स्टाफ़ ने उन्हें एक सुझाव दिया। उसे लेकर ओपरा के मन में बहुत सी शंकाएँ थीं। बहरहाल, उनमें इतनी बुद्धिमानी तो थी कि उन्होंने विचार को पूरा सुना- और आज़माकर भी देखा। यह बुक क्लब का विचार था। जैसा आप संभवतः जानते ही होंगे, इसे ज़बरदस्त कामयाबी मिली। इसकी बदौलत लाखों लोग पढ़कर सीख रहे हैं और विकास कर रहे हैं- कुछ तो जीवन में पहली बार। और यह देखकर विनफ़्री बहुत खुश हैं। उनके जीवन का लक्ष्य लोगों के मूल्य में वृद्धि करना है। और उनकी सफलता का राज़ यही है कि वे दूसरों की बात सुनती हैं।

विस्तृत विवरण

द 21 इररिफ़्यूटेबल लॉज़ ऑफ़ लीडरशिप में मैंने बताया था कि लीडर्स पहले दूसरों के हृदय को स्पर्श करते हैं और इसके बाद ही उनसे हाथ

बढ़ाने को कहते हैं। यह जुड़ाव का नियम है। लेकिन किसी व्यक्ति के हृदय को छूने के लिए पहले यह पता लगाना पड़ता है कि उसमें क्या है। सिर्फ़ सुनने से ही इसका पता चलता है।

आम तौर पर ख़राब लीडर्स दूसरों की बात सुनना ही नहीं चाहते हैं। अमेरिकी प्रबंधन के जनक पीटर ड्रकर का मानना है कि प्रबंधन की 60 प्रतिशत समस्याएँ दोषपूर्ण संवाद की वजह से उत्पन्न होती हैं। मेरा मानना तो यह है कि संप्रेषण संबंधी अधिकांश समस्याएँ सुनने की कम इच्छा के कारण उत्पन्न होती हैं।

बहुत सी आवाज़ें आपका ध्यान खींचने के लिए फ़रियाद कर रही हैं। अपने सुनने के समय को सीखने में कैसे ख़र्च करें, यह विचार करते समय ध्यान रखें कि सुनने के आपके दो उद्देश्य होते हैं : लोगों के साथ जुड़ना और सीखना। इसी वजह से आपको इन लोगों की बातों के प्रति अपने कान खुले रखने चाहिए :

1. आपके अनुयायी

अच्छे अनुकरणीय लीडर्स अपने अनुयायियों से व्यवहार करते समय काम ही नहीं करते हैं; वे इससे कुछ अधिक करते हैं। वे यह जानने में समय लगाते हैं कि उनका प्रत्येक कर्मचारी या अनुयायी व्यक्ति के रूप में कैसा है। अर्ल ऑफ़ चेस्टरफ़ील्ड फ़िलिप स्टैनहोप का मानना था, "बहुत से लोग जब आग्रह करते हैं, तो आग्रह मनवाने से भी ज़्यादा वे यह चाहते हैं कि आप उनकी पूरी बात सुन लें।" यदि आपको केवल तथ्य सुनने की आदत है और उन्हें बताने वाले की कोई परवाह नहीं है, तो अपने ध्यान के केंद्र को बदल लें- और सचमुच सुनें।

2. आपके ग्राहक

चेरोकी रेड इंडियन्स की एक कहावत है, "फुसफुसाहटों को सुन लेंगे, तो आपको चीख़ें नहीं सुननी पड़ेंगी।" मैं उन लीडर्स को देखकर हैरान रह जाता हूँ, जो अपने ही विचारों में इतने खोए रहते हैं कि अपने ग्राहकों की चिंताओं, शिकायतों और सुझावों को कभी सुन ही नहीं पाते हैं। अपनी पुस्तक *बिज़नेस@द स्पीड ऑफ़ थॉट* में माइक्रोसॉफ़्ट के सीईओ

बिल गेट्स कहते हैं, "नाखुश ग्राहक हमेशा चिंता का विषय होते हैं। वे आपके लिए सबसे बड़ा अवसर भी होते हैं।" अच्छे लीडर्स हमेशा इस बात को प्राथमिकता देते हैं कि वे जिन लोगों की सेवा कर रहे हैं, उनके निरंतर संपर्क में बने रहें।

3. आपके प्रतिस्पर्धी

सैम मार्केविच ने घोषणा के अंदाज़ में कहा था, "यदि आप मुझसे सहमत नहीं हैं, तो इसका मतलब है कि आप मेरी बात नहीं सुन रहे हैं।" हालाँकि निस्संदेह वे मज़ाक़ कर रहे थे, लेकिन दुखद सच्चाई यही है कि जब कोई लीडर किसी दूसरे संगठन को प्रतिस्पर्धी मानता है, तो वह अपना ध्यान अपने पक्ष को मज़बूत बनाने और अपने उद्देश्य की रक्षा करने पर केंद्रित कर लेता है तथा दूसरे संगठन की गतिविधियों से सीखना भूल जाता है।

लैरी किंग कहते हैं, "हर सुबह मैं खुद को याद दिलाता हूँ ः आज मैं जो भी बोलूँगा, उससे मैं कुछ नहीं सीख पाऊँगा। इसलिए अगर मुझे कुछ सीखना है, तो सुनकर ही सीखना पड़ेगा।" लीडर के रूप में आपको इस आधार पर कार्य नहीं करना चाहिए कि सामने वाला क्या कर रहा है, लेकिन इसके बावजूद आपको सुनकर यह सीखना चाहिए कि आप स्वयं को बेहतर बनाने के लिए क्या कर सकते हैं।

4. आपके मार्गदर्शक

कोई भी लीडर इतना महान या अनुभवी नहीं होता कि उसे मार्गदर्शक की ज़रूरत ही न हो। मैंने कई लीडर्स से बहुत कुछ सीखा है, जिनके पास मुझसे ज़्यादा अनुभव था, मसलन मेल्विन मैक्सवेल (मेरे पिताजी), एल्मर टाउन्स, जैक हेफ़ोर्ड, फ़्रेड स्मिथ और जे. ओसवाल्ड सैंडर्स। अगर आपका कोई मार्गदर्शक नहीं है, तो जाकर खोजें। यदि आप किसी की व्यक्तिगत मदद नहीं ले सकते, तो पुस्तकें पढ़कर यह प्रक्रिया शुरू कर दें। मैंने इसी तरह शुरुआत की थी। अहम बात प्रक्रिया शुरू करना है।

इस पर विचार करना

क्या आप अच्छे श्रोता हैं? मैं जानता हूँ कि जब मैंने लीडर के रूप में शुरुआत की थी, तब मैं अच्छा श्रोता नहीं था। मैं अपने मनमाफ़िक काम और बड़े काम करने में बहुत ज़्यादा व्यस्त था। लेकिन एक बार जब मैंने अपनी गति कम की और अपने आस-पास होने वाली चीज़ों पर ज़्यादा ध्यान दिया, तो मैंने पाया कि मेरी गतिविधि का फ़ोकस ज़्यादा पैना हो गया है और मैं ज़्यादा हासिल करने लगा हूँ।

आख़िरी बार कब आपने लोगों और उनकी कही बातों पर गंभीरता से ग़ौर किया था? सुनते समय तथ्य जानने से कुछ ज़्यादा करें। केवल शब्द ही न सुनें, बल्कि भावनाओं, अर्थों और छिपे मंतव्य को जानने के लिए भी सुनें।

इसे आत्मसात करना

सुनने की अपनी योग्यता को बेहतर बनाने के लिए निम्न कार्य करें :

* *अपनी दिनचर्या बदलें।* क्या आप अपने अनुयायियों, ग्राहकों, प्रतिस्पर्धियों और मार्गदर्शकों की बात सुनने में पर्याप्त समय लगाते हैं? यदि आप चारों में से हर समूह से नियमित तौर पर नहीं मिलते हैं, तो शायद आप उन पर पर्याप्त ध्यान नहीं दे रहे हैं। उनमें से प्रत्येक को दैनिक, साप्ताहिक या मासिक आधार पर समय दें और इसे अपनी दिनचर्या में शामिल करें।

* *लोगों से उनके मैदान में मिलें।* अच्छे श्रोता होने की एक कुंजी है लोगों में समानताओं की तलाश करना। अगली बार जब आप किसी कर्मचारी या ग्राहक से मिलें, तो नियम बना लें कि आप व्यक्ति के रूप में उससे चार-पाँच सवाल पूछेंगे। यह जानें कि वह कौन है और उससे जुड़ने के लिए साझी ज़मीन खोजें।

* *पंक्तियों के बीच सुनें।* लोगों के साथ व्यवहार करते समय आपको यक़ीनन बातचीत के तथ्यात्मक पहलू पर ध्यान देना चाहिए। लेकिन इसके भावनात्मक पहलू को नज़रअंदाज़ न करें। कई बार आप

पंक्तियों के बीच पढ़कर इस बारे में ज़्यादा जान सकते हैं कि सामने वाले के भीतर सचमुच क्या चल रहा है। आने वाले दिनों और सप्ताहों में अपने हृदय से सुनने में ज़्यादा समय लगाएँ।

दैनिक सबक़

राष्ट्रपति थियोडोर रूज़वेल्ट कर्मवादी थे, लेकिन वे अच्छे श्रोता भी थे और वे दूसरे लोगों में इस गुण की क़द्र करते थे। एक उत्सव में वे लोगों से मिलते-मिलते थक गए, क्योंकि लोग उनकी टिप्पणियों के घिसे-पिटे ख़ुशनुमा जवाब दे रहे थे। इसलिए वे मुस्कुराकर लोगों का अभिवादन करते हुए यह कहने लगे, "आज सुबह मैंने अपनी दादी की हत्या कर दी।" ज़्यादातर लोग उनसे मिलते समय इतने घबरा रहे थे कि उन्होंने उनकी बात सुनी ही नहीं। लेकिन एक कूटनीतिज्ञ ने सुन ली। राष्ट्रपति की टिप्पणी सुनकर वह आगे झुका और फुसफुसाकर बोला, "मुझे यक़ीन है कि उन्होंने सचमुच कोई गंभीर ग़लती की होगी!" आप क्या चूक रहे हैं, इसका पता लगाने का एकमात्र तरीक़ा यही है कि आप सुनना शुरू कर दें।

जोश :
जीवन से प्रेम करें

जब कोई लीडर किसी से जोश के साथ मिलता है, तो बदले में प्रायः उसे जोश ही मिलता है।

— जॉन सी. मैक्सवेल

हल्की-फुल्की कोशिश तो कोई भी कर सकता है, लेकिन एक बार जब आप समर्पण कर देते हैं, जब वह प्रबल इच्छा आपके ख़ून में उबाल ले आती है, तो फिर लोगों के लिए आपको रोक पाना बहुत मुश्किल हो जाता है।

— बिल कॉस्बी, कॉमेडियन

पित्ज़ा सॉस उनके ख़ून में है

द 21 इररिफ़्यूटेबल लॉज़ ऑफ़ लीडरशिप में मैंने पापा जॉन्स पित्ज़ा की कहानी बताई है। मैंने बताया है कि 1984 में जॉन श्नेटर द्वारा स्थापित यह कंपनी सिर्फ़ सात सालों में 1 से 46 स्टोर्स तक और फिर उसके सात साल बाद 1,600 तक कैसे पहुँची। कंपनी को दूसरे चरण में जो ज़बर्दस्त सफलता मिली, वह विस्फोटक विकास के नियम के कारण मिली थी, जो कहता है, "विकास की गति बढ़ाने के लिए अनुयायियों का नेतृत्व करो- इसे कई गुना बढ़ाने के लिए लीडर्स का नेतृत्व करो।" लेकिन पहले चरण में पापा जॉन की सफलता की कुंजी क्या थी ?

जवाब है जोश। जॉन श्नेटर न केवल पापा जॉन्स पित्ज़ा खाते हैं, बल्कि इसमें साँस लेते हैं, इसी में सोते हैं और इसी में जीते हैं। पित्ज़ा उनके दिलोदिमाग़ पर हमेशा छाया रहता है। लेहमैन ब्रदर्स के विश्लेषक माइकल स्पीज़र ने *सक्सेस* मैग्ज़ीन में उनके बारे में कहा है, "पित्ज़ा श्नेटर का जीवन है और वे इसे बहुत गंभीरता से लेते हैं।"

श्नेटर का दर्शन सरल और सीधा है। वे सलाह देते हैं, "आप जो काम अच्छी तरह करते हैं, उस पर पूरा ध्यान केंद्रित करें और उसे अन्य किसी से भी बेहतर ढंग से करें।" वे जो काम सबसे अच्छी तरह करते हैं, वह है अपने क्षेत्र में संसार में तीव्रतम विकास करने वाली कंपनी का नेतृत्व। और उन्हें इस काम में इतना मज़ा आता है कि वे हमेशा वहाँ मौजूद रहना चाहते हैं।

हाल ही में वे लुईविले के एक फ़्रैंचाइज़ी पहुँचे, जिसकी मालकिन उनकी पत्नी एनेट थीं। संयोग से उस वक़्त स्टोर में अप्रत्याशित ऑर्डर्स का सैलाब आया हुआ था। उन्होंने क्या किया ? वे तुरंत मैदान में कूद पड़े और डेढ़ घंटे तक पित्ज़ा बनाने में मदद करते रहे। यह एक ऐसी चीज़ है, जिसे करना उन्हें बड़ा पसंद है। वे हर सप्ताह चार-पाँच बार स्टोर्स में जाते हैं- अक्सर बिना बताए- और यह सुनिश्चित करते हैं कि हर चीज़ ठीक तरह से हो रही है।

श्नेटर कहते हैं, "जब मैंने बाईस साल की उम्र में लोगों को बताया कि मैं पित्ज़ा व्यवसाय में उतरने के सपने देख रहा हूँ, तो उन्होंने कहा

कि मैं पागल हो गया हूँ। वेंडर्स, बैंकर्स और यहाँ तक कि कुछ दोस्त भी मुझ पर हँसे, जब मैंने उन्हें बताया कि मैं हर महीने पाँच-छह स्टोर्स खोलूँगा।" अब वे हर महीने *तीस* स्टोर्स खोलते हैं- साल के हर दिन एक नया स्टोर।

वे इसकी गति और बढ़ाना चाहते हैं। एक फ़्रैंचाइज़ी मेक्सिको में खुल चुका है और श्नेटर ने वेनेज़ुएला, प्यूर्टो रिको और अन्य विदेशी बाज़ारों में पैर पसारने की योजना बना रखी है। वे तब तक रुकना नहीं चाहते, जब तक कि उनकी कंपनी संसार में पिज़्ज़ा की सबसे बड़ी विक्रेता नहीं बन जाती। यह संभव लगता है, क्योंकि उन्हें इससे प्रेम है और वे इसमें अपना सब कुछ झोंक रहे हैं।

विस्तृत विवरण

विशेषज्ञ यह पता लगाने के लिए बहुत समय ख़र्च करते हैं कि लोग किस वजह से सफल होते हैं। इसके लिए वे अक्सर लोगों की डिग्रियाँ, बुद्धि, शिक्षा और बाक़ी चीज़ें देखते हैं। लेकिन शायद जोश से जितना फ़र्क़ पड़ता है, उतना किसी अन्य चीज़ से नहीं पड़ता। आरसीए के डेविड सारनोफ़ यह मानते हैं, "कोई भी तब तक सफल नहीं हो सकता, जब तक कि वह अपने काम से प्रेम न करता हो।"

यदि आप सफल लीडर्स के जीवन पर नज़र डालें, तो पाएँगे कि सामान्यतः वे लीक पर नहीं चलते हैं और किसी एक साँचे में फ़िट नहीं होते हैं। मिसाल के तौर पर, फ़ॉर्चून 500 कंपनियों के आधे से ज़्यादा सीईओज़ को कॉलेज में सी या औसत ग्रेड मिले थे। लगभग 75 प्रतिशत अमेरिकी राष्ट्रपति स्कूल में पढ़ते समय अपनी कक्षाओं के निचले आधे हिस्से में रहते थे। और 50 प्रतिशत से ज़्यादा करोड़पति उद्यमी कॉलेज की पढ़ाई ही पूरी नहीं कर पाए। तो फिर साधारण दिखने वाले इन लोगों ने इतनी महान चीज़ें किस वजह से हासिल कीं? जवाब है जोश। लीडर के जीवन में जोश की जगह कोई दूसरी चीज़ नहीं ले सकती।

जोश के बारे में इन चार सच्चाइयों पर नज़र डालें और देखें कि लीडर के रूप में आप इससे कैसे लाभ उठा सकते हैं :

1. जोश उपलब्धि की दिशा में पहला क़दम है

आपकी गहरी इच्छा से ही आपकी क़िस्मत तय होती है। महान लीडर्स के बारे में सोचते ही आपको उनके जोश का ख़्याल आ जाता है : गाँधीजी में मानव अधिकारों के प्रति जोश था, विन्स्टन चर्चिल में स्वतंत्रता के लिए, मार्टिन लूथर किंग जूनियर में समानता के प्रति और बिल गेट्स में प्रौद्योगिकी के प्रति।

जो भी सामान्य से परे जीवन जीता है, उसमें प्रबल इच्छा होती है। यह हर क्षेत्र में सच है : जिस तरह छोटी आग से कम आँच मिलती है, उसी तरह कमज़ोर इच्छा से कमज़ोर परिणाम मिलते हैं। आपके अंदर की आग जितनी दमदार होगी, आपकी इच्छा भी उतनी ही प्रबल होगी– और उसके साकार होने की संभावना भी उतनी ही ज़्यादा होगी।

2. जोश से आपकी इच्छाशक्ति बढ़ती है

कहा जाता है कि एक उदासीन युवक यूनानी दार्शनिक सुकरात के पास गया और बोलने लगा, "हे महान सुकरात, मैं आपके पास ज्ञान के लिए आया हूँ।"

सुकरात उस युवक को समुद्र तक ले गए, उसके साथ पानी में उतरे और तीस सेकंड तक उसका सिर पानी के अंदर डुबाकर रखा। फिर सुकरात ने साँस लेने के लिए युवक का सिर ऊपर निकाला और पूछा कि अब वह क्या चाहता है।

उस युवक ने पानी की फुहार छोड़ते हुए कहा, "महान सुकरात, ज्ञान।" सुकरात ने उसका सिर दोबारा पानी में डुबा दिया, इस बार थोड़ी ज़्यादा देर तक। सुकरात बार-बार डुबाते-निकालते रहे और पूछते रहे, "तुम क्या चाहते हो?" अंततः युवक ने जवाब दिया, "हवा। मैं हवा चाहता हूँ!"

"बहुत बढ़िया," सुकरात ने जवाब दिया। "देखो, तुम्हारे भीतर जितनी चाहत हवा की थी, जब उतनी ही तीव्र चाहत ज्ञान की होगी, तो वह तुम्हें मिल जाएगा।"

जोश का कोई स्थानापन्न नहीं है। यह इच्छाशक्ति का ईंधन है।

अगर आप किसी चीज़ को पर्याप्त शिद्दत से चाहते हैं, तो आपके मन में उसे पाने की इच्छाशक्ति उत्पन्न हो सकती है। इस तरह की प्रबल इच्छा जगाने का एकमात्र तरीक़ा जोश विकसित करना है।

3. जोश आपको बदल देता है

अगर आप दूसरों की अनुभूतियों के बजाय अपने जोश का अनुसरण करते हैं, तो आप निश्चित रूप से ज़्यादा समर्पित और उत्पादक हो जाएँगे। इससे दूसरों पर प्रभाव डालने की आपकी योग्यता भी बढ़ जाएगी। अंतिम विश्लेषण में, आपके व्यक्तित्व की तुलना में जोश का असर ज़्यादा होगा।

4. जोश असंभव को भी संभव बना देता है

इंसान को इस तरह बनाया गया है कि जब भी कोई चीज़ उसकी आत्मा को प्रज्वलित कर देती है, तो असंभव का नामोनिशान नहीं रह जाता। हृदय की अग्नि आपके जीवन की हर चीज़ को ऊपर उठा देती है। इसीलिए तो जोशीले लीडर्स इतने असरदार होते हैं। प्रबल जोश और कम योग्यताओं वाला लीडर हमेशा उस लीडर से बेहतर प्रदर्शन करता है, जिसमें योग्यताएँ तो ज़्यादा होती हैं, लेकिन जोश ज़रा भी नहीं होता।

इस पर विचार करना

जोश की शक्ति के बावजूद हमारी संस्कृति के कई लोग यह मानते हैं कि जोश बड़ी ही संदिग्ध चीज़ है। समाजविज्ञानी टोनी कैम्पोलो ने कहा है, "हम अपने राष्ट्रीय लोकाचार में एक ख़ास अवस्था में उलझ चुके हैं, जिसमें हम न केवल भौतिकतावादी, बल्कि उससे भी बुरे बन चुके हैं; हम समाज के रूप में भावनात्मक रूप से मृत हो चुके हैं। हम गाते नहीं हैं, हम नाचते नहीं हैं, और तो और, हम ज़्यादा जोश से अनैतिक कार्य भी नहीं करते हैं।"

क्या आपके जीवन में पर्याप्त जोश है? क्या आप सुबह जागते वक़्त आने वाले दिन के बारे में उत्साह से भरपूर होते हैं? क्या सप्ताह

का पहला दिन आपको विशेष प्रिय है ? या फिर आप सिर्फ़ वीकएंड्स में ही जीते हैं और बाक़ी दिनों अर्ध-निद्रा में काम करते रहते हैं ? ज़रा बताएँ, किसी विचार को लेकर आप पिछली बार कब इतने ज़्यादा *रोमांचित* हुए थे कि आपको रात भर नींद नहीं आई थी ?

यदि जोश का गुण आपके जीवन में नहीं है, तो आप लीडर के रूप में संकट में हैं। हक़ीक़त तो यह है कि आप ऐसे किसी मामले में कभी नेतृत्व नहीं कर सकते, जिसे लेकर आपमें जोश न हो। जब तक कि आपके भीतर लौ न जल रही हो, तब तक आप अपने संगठन में चिंगारी नहीं फैला सकते।

इसे आत्मसात करना

अपने जोश को बढ़ाने के लिए निम्न कार्य करें :

* *अपना तापमान नापें।* आपमें अपने जीवन और काम-काज को लेकर कितना जोश है ? क्या यह सबको नज़र आता है ? निष्पक्ष मूल्यांकन के लिए साथी कर्मचारियों और जीवनसाथी से अपने जोश के स्तर के बारे में पूछें। आप तब तक जोशीले नहीं बनेंगे, जब तक कि आपको इस बात पर यक़ीन नहीं होगा कि जोश से ही आपके जीवन में फ़र्क़ पड़ता है।

* *अपने पहले प्रेम की ओर लौटें।* कई लोग जीवन और उसकी परिस्थितियों को इस बात की अनुमति दे देते हैं कि वे उन्हें पटरी से उतार दें। उस समय के बारे में सोचें, जब आप अपना कैरियर शुरू कर रहे थे- या उससे भी पहले, जब आप बच्चे थे। तब किस चीज़ से आपमें चाबी भर जाती थी ? आप घंटों तक कौन सा काम लगातार कर सकते थे ? उसी पुराने उत्साह को दोबारा पाने की कोशिश करें। फिर उस पुराने प्रेम की रोशनी में अपने जीवन और कैरियर का मूल्यांकन करें।

* *जोशीले लोगों के साथ रहें।* यह अतिशयोक्तिपूर्ण लगता है, लेकिन एक ही प्रवृत्ति वाले लोग सचमुच एक साथ रहते हैं। अगर आपने अपनी आग खो दी है, तो आग सुलगाने वाले लोगों के आस-पास

रहें। जोश संक्रामक होता है। ऐसे लोगों के साथ कुछ समय गुज़ारने का निश्चय करें, जो आपको इससे संक्रमित कर सकते हैं।

दैनिक सबक़

थलसेना के जनरल बिली मिचेल को 1916 में एविएशन सेक्शन में भेजा गया। वहाँ उन्होंने हवाई जहाज़ उड़ाना सीखा और यह उनके जीवन का जोश बन गया। हालाँकि प्रथम विश्व युद्ध में हवाई जहाज़ की भूमिका गौण ही रही, लेकिन उन्हें युद्ध में हवाई जहाज़ की भावी उपयोगिता साफ़ नज़र आ गई। युद्ध के बाद उन्होंने वायुसेना बनाने के लिए सैन्य अधिकारियों से बार-बार आग्रह किया। उन्होंने बार-बार प्रदर्शित किया कि हवाई जहाज़ क्या कर सकते हैं, लेकिन हर बार उन्हें तीव्र प्रतिरोध झेलना पड़ा। कुंठित होकर उन्होंने 1925 में सेना को अपना कोर्टमार्शल करने के लिए मजबूर कर दिया। एक साल बाद उन्होंने इस्तीफ़ा दे दिया। द्वितीय विश्व युद्ध के बाद ही मिचेल को दोषमुक्त किया गया- और मरणोपरांत मेडल ऑफ़ ऑनर से नवाज़ा गया। वे जिस चीज़ को सही मानते थे, उसके लिए वे कोई भी क़ीमत चुकाने के लिए तैयार थे। आपके बारे में क्या कहा जा सकता है?

सकारात्मक नज़रिया :

अगर आपको यक़ीन है कि आप कर सकते हैं, तो आप सचमुच कर सकते हैं

मेरी पीढ़ी की महानतम खोज यह है कि अपने मानसिक नज़रिए को बदलकर मनुष्य अपना जीवन बदल सकता है।

– विलियम जेम्स, मनोवैज्ञानिक

सफल व्यक्ति वह है, जो दूसरों द्वारा ख़ुद पर फेंकी गई ईंटों से एक ठोस नींव रख सकता है।

– डेविड ब्रिंकले, टेलीविज़न पत्रकार

श्रम और प्रेरणा से अधिक

लाइफ़ मैग्ज़ीन ने उन्हें सहस्राब्दी का प्रथम पुरुष कहा था। उन्होंने इतनी सारी चीज़ों का आविष्कार किया कि यक्रीन ही नहीं होता। उनके पास 1,093 पेटेंट्स थे। इतने पेटेंट्स संसार में किसी अन्य व्यक्ति के पास कभी नहीं रहे। उन्होंने 65 साल तक हर वर्ष कम से कम एक पेटेंट हासिल किया। उन्होंने आधुनिक शोध प्रयोगशाला का विकास भी किया। उनका नाम थॉमस एडिसन था।

अधिकांश लोग एडिसन की योग्यता का श्रेय उनकी सृजनात्मक प्रतिभा को देते हैं। वे स्वयं इसका श्रेय कड़ी मेहनत को देते थे। उन्होंने यह ऐलान किया था, "प्रतिभा 99 प्रतिशत श्रम और एक प्रतिशत प्रेरणा है।" मैं मानता हूँ कि एक तीसरे घटक ने भी उनकी सफलता में योगदान दिया था : उनका सकारात्मक नज़रिया।

एडिसन बहुत आशावादी थे और हर चीज़ के सर्वश्रेष्ठ पहलू को देखते थे। उन्होंने एक बार कहा था, "हम जो चीज़ें करने में सक्षम हैं, यदि हम वे सब कर सकें, तो हम ख़ुद को वाक़ई हैरान कर देंगे।" जब वे बिजली के बल्ब का आविष्कार कर रहे थे, तो सही सामग्री खोजने के लिए उन्हें दस हज़ार कोशिशें करनी पड़ीं, लेकिन उन्होंने उन्हें असफलता नहीं माना। हर प्रयास के बाद उन्हें यह पता चल जाता था कि कौन सी चीज़ काम नहीं करती है, जिससे वे समाधान के ज़्यादा क़रीब पहुँच जाते थे। उनके मन में कभी यह शंका नहीं रही कि वे समाधान नहीं खोज पाएँगे। उनके विश्वास को सार रूप में उन्हीं के शब्दों में इस तरह व्यक्त किया जा सकता है : "जीवन में कई असफल लोग ऐसे भी हैं, जिन्हें इस बात का कभी अहसास ही नहीं हुआ कि हार मानते समय वे सफलता के कितने क़रीब थे।"

शायद एडिसन के सकारात्मक नज़रिए का सबसे उल्लेखनीय उदाहरण उस विभीषिका में देखा जा सकता है, जो उन्होंने पैंसठ साल की उम्र के बाद झेली थी। न्यू जर्सी के वेस्ट ऑरेंज में बनी उनकी प्रयोगशाला दुनिया भर में मशहूर थी। चौदह इमारतों के इस परिसर को वे अपनी आविष्कार फ़ैक्ट्री कहते थे। इसकी मुख्य इमारत भव्य थी और इसका आकार फ़ुटबॉल के तीन मैदानों से भी ज़्यादा बड़ा था। वहाँ वे अपने

स्टाफ़ के साथ आविष्कारों की कल्पना करते थे, प्रोटोटाइप बनाते थे, प्रॉडक्ट्स तैयार करते थे और उन्हें ग्राहकों के पास भेजते थे। उनकी प्रयोगशाला आधुनिक शोध और उत्पादन का आदर्श नमूना बन गई थी।

एडिसन को अपनी प्रयोगशाला से बड़ा प्रेम था। वे हर पल वहीं रहना पसंद करते थे। अक्सर वे किसी प्रयोगशाला की किसी टेबल पर ही सो भी जाते थे। लेकिन दिसंबर 1914 में एक दिन उनकी प्रिय प्रयोगशाला में आग लग गई। जब वे बाहर खड़े होकर उसे जलते हुए देख रहे थे, तो उन्होंने अपने बच्चों से कहा, "बच्चो, जाकर अपनी माँ को बुला लाओ। उन्हें दोबारा कभी इतनी भीषण आग देखने का मौक़ा नहीं मिलेगा।"

ज़्यादातर लोग टूट गए होते। लेकिन एडिसन नहीं। उन्होंने इस त्रासदी के बाद कहा था, "मैं सड़सठ साल का हूँ, लेकिन इतना बूढ़ा भी नहीं हुआ हूँ कि दोबारा नई शुरुआत न कर सकूँ। मैं ऐसी बहुत सी चीज़ों से उबर चुका हूँ।" उन्होंने अपनी प्रयोगशाला को दोबारा बनाया और अगले सत्रह साल तक उसमें काम भी किया। उनका कहना था, "मेरे पास ढेर सारे विचार हैं, लेकिन समय बहुत कम है। मुझे केवल सौ साल तक जीवित रहने की उम्मीद है।" उनका निधन 84 साल की उम्र में हुआ।

विस्तृत विवरण

यदि एडिसन इतने सकारात्मक नहीं होते, तो वे कभी आविष्कारक के रूप में इतने सफल भी नहीं हो पाते। अगर आप किसी भी पेशे में स्थायी सफलता पाने वाले लोगों के जीवन पर नज़र डालें, तो आप पाएँगे कि उन सभी में जीवन के प्रति सकारात्मक नज़रिया होता है।

यदि आप प्रभावी लीडर बनना चाहते हैं, तो सकारात्मक नज़रिया रखना अनिवार्य है। इससे न केवल व्यक्ति के रूप में आप संतुष्ट रहते हैं, बल्कि इसका इस बात पर भी असर पड़ता है कि दूसरे आपके साथ कैसा व्यवहार करते हैं। सकारात्मक होने का क्या मतलब है, इस बारे में ज़्यादा जानने के लिए इन बातों पर विचार करें :

1. आप अपना नज़रिया ख़ुद चुनते हैं

आम आदमी इस बात का इंतज़ार करता है कि कोई दूसरा उसे प्रेरित करे। उसे महसूस होता है कि वह जिस तरह से सोचता है, उसके लिए उसकी परिस्थितियाँ ज़िम्मेदार हैं। लेकिन पहले कौन सी चीज़ आती है- नज़रिया या परिस्थितियाँ ? यह दरअसल पहले-मुर्गी-आई-या-अंडा जैसा सवाल है। सच्चाई यह है कि इससे कोई फ़र्क़ नहीं पड़ता कि कौन सी चीज़ पहले आई। आपके साथ कल चाहे जो हुआ हो, आज अपने नज़रिए को चुनना आपके हाथ में है।

मनोवैज्ञानिक विक्टर फ्रैंकल ने कहा था, "हमारी परम मानवीय स्वतंत्रता यही है कि हम किसी भी तरह की परिस्थिति में अपने नज़रिए का चुनाव कर सकते हैं।" वे इस कथन की सच्चाई को अच्छी तरह जानते थे। फ्रैंकल ने एक नाज़ी यातना शिविर में लंबी क़ैद झेली थी और उस भीषण परिस्थिति में भी अपने नज़रिए को कमज़ोर नहीं होने दिया था। अगर वे अच्छा नज़रिया क़ायम रख सकते थे, तो आप भी ऐसा ही कर सकते हैं।

2. आपके नज़रिए से आपके कार्य तय होते हैं

पारिवारिक जीवन विशेषज्ञ डेनिस वेटली इस बारे में कहते हैं : "विजेता का रहस्य बचपन में मिली बेहतरीन परिस्थितियों, उच्च आई.क्यू. या प्रतिभा में नहीं होता। विजेता का रहस्य योग्यता में नहीं, नज़रिए में होता है। नज़रिया ही सफलता की आधारशिला है।" आपका नज़रिया बेहद महत्त्वपूर्ण है, क्योंकि इसी से यह तय होता है कि आप कैसे काम करते हैं।

3. आपके अधीनस्थ आपके नज़रिए को प्रतिबिंबित करते हैं

मैं अक्सर ऐसे लोगों को देखकर हैरान होता हूँ, जो ख़ुद तो कमज़ोर नज़रिए का प्रदर्शन करते हैं, लेकिन अपने कर्मचारियों से उत्साह दिखाने की उम्मीद करते हैं। दरअसल चुंबकत्व का नियम हमेशा सही साबित होता है : आप जैसे हैं, वैसे ही लोगों को आकर्षित करते हैं।

एडिसन के जीवन पर ग़ौर करने से आप देख सकते हैं कि उनके सकारात्मक नज़रिए और उत्साह ने न केवल उन्हें ईंधन दिया, बल्कि

उनके साथियों को भी सफलता के लक्ष्य तक लगातार आगे बढ़ने के लिए प्रेरित किया। उन्होंने यह गुण दूसरों तक पहुँचाने की उद्देश्यपूर्ण कोशिश की। उन्होंने एक बार कहा था, "यदि हम अपने बच्चों के लिए केवल एक ही चीज़- उत्साह का गुण- छोड़कर जाते हैं, तब भी हम उनके लिए अनमोल जायदाद छोड़कर जाएँगे।"

4. अच्छा नज़रिया बनाए रखना इसे दोबारा हासिल करने से आसान है

अर्थ एंड आल्टर में यूजीन एच. पीटरसन ने लिखा था, "दया इंसान की सबसे उदात्त भावनाओं में से एक है; आत्म-दया संभवतः सबसे हेय... यह एक अक्षमता है, एक पंगु बनाने वाला भावनात्मक रोग है, जो वास्तविकता की हमारी अनुभूति को अत्यधिक विकृत कर देता है... एक नशीली दवा है, जो अपने आदी लोगों को बर्बाद और भ्रष्ट कर देती है।"

अगर आपका नज़रिया पहले से ही सकारात्मक है, तो मैं आपको इसे बनाए रखने के लिए प्रोत्साहित करता हूँ। दूसरी ओर, यदि आपको ख़ुद से और दूसरों से सर्वश्रेष्ठ की उम्मीद करने में मुश्किल आ रही हो, तो निराश न हों। चूँकि आप अपने नज़रिए का चयन कर सकते हैं, इसलिए आप इसे बदल भी सकते हैं।

इस पर विचार करना

इंग्लैंड के हार्ट सर्जन मार्टिन लॉयड-जोन्स ने कहा है, "जीवन में अधिकांश अप्रसन्नता इस तथ्य के कारण होती है कि आप ख़ुद से बात करने के बजाय ख़ुद की बात सुनते रहते हैं।" आप किस तरह की आवाज़ें सुनते हैं? जब आप लोगों से मिलते हैं, तो क्या आप ख़ुद से कहते हैं कि उनसे मिलकर आपको निराशा होगी? जब नए अनुभवों से आपका सामना होता है, तो क्या आपके दिमाग़ में यही आवाज़ गूँजती है कि आप असफल होने वाले हैं? यदि आप लगातार नकारात्मक संदेश सुन रहे हैं, तो आपको ख़ुद से सकारात्मक और प्रेरक मानसिक वार्तालाप करना सीखना चाहिए। अपने नज़रिए को दोबारा प्रशिक्षित करने का

सर्वश्रेष्ठ तरीक़ा यह है कि आप अपने दिमाग़ को किसी भी नकारात्मक राह पर फिसलने से रोकें।

इसे आत्मसात करना

अपने नज़रिए को बेहतर बनाने के लिए निम्न कार्य करें :

* *खुद को सही "भोजन" दें।* यदि आपको किसी सकारात्मक चीज़ की खुराक नहीं मिल रही है, तो खुद को प्रेरणादायी सामग्री की नियमित ख़ुराक दें। सकारात्मक नज़रिए को बढ़ाने वाली पुस्तकें पढ़ें। प्रेरक टेप्स सुनें। आप जितने ज़्यादा नकारात्मक होते हैं, नज़रिए को बदलने में उतना ही ज़्यादा समय लगता है। लेकिन अगर आप सही "भोजन" की नियमित और निरंतर ख़ुराक लेते रहते हैं, तो आप सकारात्मक चिंतक बन सकते हैं।

* *हर दिन एक लक्ष्य हासिल करें।* कुछ लोग नकारात्मकता की लीक में इसलिए फँस जाते हैं, क्योंकि उन्हें महसूस होता है कि वे प्रगति नहीं कर पा रहे हैं। अगर आपको भी ऐसा ही लगता है, तो हर दिन के लिए लक्ष्य तय करें। सकारात्मक उपलब्धि की आदत डालने से सकारात्मक सोच की आदत डालने में मदद मिलेगी।

* *इसे दीवार पर लिख लें।* सकारात्मक सोच बनाए रखने के लिए हम सभी को बार-बार याद दिलाए जाने की ज़रूरत होती है। अलेक्स हेली अपने ऑफ़िस में एक चित्र रखते हैं, जिसमें एक कछुआ एक फ़ेंस पोस्ट पर बैठा है। इससे उन्हें याद आ जाता है कि हर व्यक्ति को दूसरों की मदद की ज़रूरत होती है। प्रोत्साहन के रूप में आप अपने जीते हुए पुरस्कार, प्रेरक पोस्टर्स या मिले हुए पत्र भी रख सकते हैं। कोई ऐसी चीज़ खोजें, जो आपके लिए मायने रखती हो और उसे अपनी दीवार पर लगा लें।

दैनिक सबक़

जब आप किसी पेशेवर खिलाड़ी की ओर देखते हैं, तो आपको वहाँ

महान प्रतिभा दिखती है। लेकिन मस्तिष्क ही किसी श्रेष्ठ व्यक्ति को सर्वोच्च स्तर तक ऊपर उठाता है। मिसाल के तौर पर, क्रिस एवर्ट की ओर देखें। सार्वकालिक महानतम महिला टेनिस खिलाड़ियों में से एक एवर्ट के पास 18 ग्रैंड स्लैम टाइटल्स हैं और उनकी जीत-हार का कुल रिकॉर्ड 1309-146 था। अपने सत्रह वर्षीय कैरियर में उनकी रैंक कभी भी नंबर चार से नीचे नहीं रही। उन्होंने कहा था, "जो चीज़ अच्छे खिलाड़ियों को महान खिलाड़ियों से अलग करती है, वह है मानसिक नज़रिया। इससे पूरे मैच में दो-तीन पॉइंट्स का फ़र्क़ पड़ सकता है, लेकिन आप उन महत्वपूर्ण पॉइंट्स को कैसे खेलते हैं, उसी से अक्सर जीत और हार का फ़ैसला होता है। अगर मन मज़बूत है, तो आप जो चाहे, वह कर सकते हैं।" क्या आपने आगे आने वाले महत्वपूर्ण पॉइंट्स जीतने के लिए अपनी "मानसिक प्रोग्रामिंग" कर ली है?

समस्या सुलझाना :
अपनी समस्या को संकट में न बदलने दें

आप किसी लीडर के स्तर को उसके द्वारा सुलझाई जाने वाली समस्याओं से नाप सकते हैं। वह हमेशा अपने ही आकार की समस्याओं की तलाश करता है।

– जॉन सी. मैक्सवेल

सफलता का पैमाना यह नहीं है कि क्या आपके सामने कोई मुश्किल समस्या है; सफलता का पैमाना तो यह है कि क्या यह वही समस्या है, जो पिछले साल आई थी।

– जॉन फ़ॉस्टर डलेस, पूर्व मंत्री

छोटे क़स्बे का व्यापारी, जो कर सकता था

वॉल-मार्ट के संस्थापक सैम वॉल्टन की कई लोग आलोचना करते थे। उन्हें अमेरिका के छोटे क़स्बों का शत्रु और मेन स्ट्रीट के छोटे व्यापारियों को बर्बाद करने वाला भी कहा गया। वॉल्टन ने कहा, "वॉल-मार्ट के विकास के दौरान कुछ छोटे स्टोर्स का धंधा ख़त्म हो गया। कुछ लोगों ने इस पर भारी बवाल मचाने की कोशिश की और 'छोटे क़स्बे के व्यापारियों को बचाओ' अभियान चलाया, मानो वे व्हेल या काली सारस या ऐसी ही कोई चीज़ हों।" सच तो यह है कि वॉल्टन शुरुआत में छोटे क़स्बे और मेन स्ट्रीट के वैसे ही छोटे व्यापारी थे, जिनका धंधा मंदा करने के लिए उनकी आलोचना की जाती है। एकमात्र अंतर यह है कि वे एक उत्कृष्ट लीडर थे, जो व्यवसाय से पलायन करने के बजाय परिवर्तन करने और समस्याएँ सुलझाने में समर्थ थे।

सैम वॉल्टन का जन्म ओक्लाहोमा के किंगफ़िशर में हुआ और वे मिसूरी के कोलंबिया में बड़े हुए। हाई स्कूल में नेतृत्व क्षमता का प्रदर्शन करते हुए वे छात्रसंघ अध्यक्ष चुने गए। उन्होंने फ़ुटबॉल टीम का नेतृत्व भी किया और उनकी टीम एक बार भी नहीं हारी। वे क्वार्टर बैक के रूप में टीम को स्टेट चैंपियनशिप तक ले गए और फिर पाँच फ़ुट नौ इंच के फ़्लोर लीडर के रूप में बास्केटबॉल टीम के साथ भी यही कारनामा दोहराया।

कॉलेज की पढ़ाई पूरी करने और कुछ साल तक काम-धंधा करने के बाद द्वितीय विश्व युद्ध में वॉल्टन सेना में भर्ती हो गए। युद्ध के बाद उन्होंने रिटेल कारोबार के क्षेत्र में कैरियर चुना, जिससे उन्हें प्रेम था। उन्होंने और उनकी पत्नी ने रहने के लिए अरकांसस के बेंटनविल्ले नामक छोटे क़स्बे को चुना। यहीं पर उन्होंने वॉल्टन्स फ़ाइव एंड डाइम वैरायटी स्टोर खोला था।

व्यवसाय अच्छा चला, जिसका एक कारण वॉल्टन का उत्साह था। दूसरा कारण उनकी दूरदर्शिता थी, जिसके चलते उन्होंने अपने स्टोर को सेल्फ़-सर्विस बनाया था, जो उस वक़्त एक नई अवधारणा थी। उन्होंने कड़ी मेहनत की और अपने व्यापार को फैलाते चले गए। 1960 तक

उनके स्टोर्स की संख्या 15 हो गई। लेकिन यही वह समय था, जब प्रतिस्पर्धी हर्ब गिब्सन अपने डिस्काउंट स्टोर्स को उत्तरी-पश्चिम अरकांसस में ले आए। वे सीधे-सीधे वॉल्टन के वैरायटी स्टोर्स से प्रतिस्पर्धा करने लगे।

वॉल्टन ने कहा, "दरअसल हमारे पास केवल दो ही विकल्प थे : या तो वैरायटी स्टोर बिज़नेस में बने रहें और डिस्काउंटिंग की लहर के थपेड़े खाएँ या फिर खुद डिस्काउंट स्टोर खोलें। इसलिए मैंने पूरे देश में घूमकर डिस्काउंटिंग की अवधारणा का अध्ययन किया... 2 जुलाई 1962 को हमने अरकांसस के रॉजर्स में पहला वॉल-मार्ट स्टोर खोला, जो बेंटनविल्ले की सड़क पर था।"

वॉल्टन ने जल्द ही स्टोर्स की संख्या बढ़ा ली। उनकी वॉल-मार्ट चेन उसी समय शुरू होने वाली कुछ अन्य चेन्स- केमार्ट, टार्गेट और वूल्को- से छोटी थी, लेकिन यह तेज़ी से तरक्क़ी कर रही थी। और इसके चलते अगली समस्या सामने आई। वॉल्टन को अहसास हुआ कि उन्हें स्टोर्स की योजना और वितरण व्यवस्था को बेहतर बनाने की ज़रूरत है। उन्होंने और उनके कर्मचारियों ने केंद्रीय वितरण केंद्र बनाकर यह समस्या सुलझाई। केंद्रीय वितरण केंद्र बनाने और व्यवसाय का कंप्यूटरीकरण करने की बदौलत वे बड़ी संख्या में ऑर्डर दे सकते थे, हर स्टोर की ज़रूरतों पर नज़र रख सकते थे और उन्हें शीघ्रता तथा कुशलता से वितरित कर सकते थे। जब नए डिस्ट्रिब्यूशन सेंटर्स के लिए नए उपकरणों और इमारतों पर भारी ख़र्च के कारण कर्ज़ का बोझ ज़्यादा हो गया, तो यह समस्या भी काफ़ी बड़ी थी। वॉल्टन ने 1970 में कंपनी को सार्वजनिक करके इस समस्या को भी सुलझा लिया।

जब 1992 में सैम वॉल्टन की मृत्यु हुई, तब कंपनी अमेरिका के 42 राज्यों और मेक्सिको में 1,700 से अधिक स्टोर्स चला रही थी। सैम वॉल्टन, जो कभी छोटे क़स्बे के वैरायटी स्टोर मालिक थे, अमेरिका के नंबर वन रिटेलर बन चुके थे। उनकी मृत्यु के बाद भी कंपनी तेज़ी से तरक्क़ी करती रही और इसके मुखिया समस्याएँ उत्पन्न होने पर उन्हें सुलझाते रहे। इस वजह से वॉल-मार्ट और कंपनी की दूसरी रिटेल चेन सैम्स क्लब लगातार आगे बढ़ती रही।

विस्तृत विवरण

सैम वॉल्टन जैसे प्रभावी लीडर्स हमेशा चुनौती का सामना करते हैं और उसे सुलझाते हैं। विजेताओं और दुःखी रहने वालों में यही फ़र्क़ होता है। जब बाक़ी रिटेलर्स प्रतिस्पर्धा का रोना रो रहे थे, तब वॉल्टन रचनात्मकता और जुझारूपन से अपनी समस्याओं को सुलझाकर उनसे ऊपर उठ गए।

चाहे लीडर किसी भी क्षेत्र में हो, उसके सामने समस्याएँ हमेशा रहेंगी। वे तीन कारणों से अपरिहार्य हैं। पहला कारण तो यह है कि हम एक ऐसे संसार में रहते हैं, जिसकी जटिलता और विविधता बढ़ रही है। दूसरे, हम लोगों के साथ व्यवहार करते हैं। और तीसरे, हम अपने सामने आने वाली सभी परिस्थितियों को नियंत्रित नहीं कर सकते।

समस्या सुलझाने की अच्छी योग्यता वाले लीडर्स पाँच गुणों का प्रदर्शन करते हैं :

1. वे समस्याओं को भाँप लेते हैं

चूँकि समस्याएँ अपरिहार्य हैं, इसलिए अच्छे लीडर्स उनके आने के बारे में पहले से ही सोच लेते हैं। जो भी यह आशा करता है कि राह आसान होगी, वह खुद को लगातार मुश्किल में पाएगा। मैंने अफ़्रीका जाने वाले धर्मप्रचारक डेविड लिविंगस्टोन के बारे में एक प्रसंग सुना है, जो बताता है कि लीडर्स का नज़रिया कैसा होना चाहिए। एक धर्मप्रचारक संगठन डॉ. लिविंगस्टोन की सहायता के लिए कुछ लोगों को भेजना चाहता था। संगठन के मुखिया ने डॉ. लिविंगस्टोन को एक पत्र लिखा, "आप जहाँ पर हैं, क्या आपने वहाँ तक पहुँचने की अच्छी सड़क खोज ली है ? यदि ऐसा है, तो हम आपके साथ काम करने के लिए कुछ लोगों को भेजना चाहते हैं।"

लिविंगस्टोन ने जवाब दिया, "अगर आपके लोग ऐसे हैं, जो अच्छी सड़क होने *पर ही* आएँगे, तो मुझे उनकी ज़रूरत नहीं है। मुझे तो ऐसे लोग चाहिए, जो आने के लिए *कृत संकल्पित* हों, भले ही कोई सड़क ही न हो।" अगर आप सकारात्मक नज़रिया रखने के साथ-साथ सबसे बुरे के लिए तैयार रहते हैं, तो आप राह में आने वाली समस्याओं को सुलझाने की अच्छी स्थिति में रहेंगे।

2. वे सच्चाई को स्वीकार करते हैं

लोग समस्याओं पर तीन तरीक़ों से प्रतिक्रिया करते हैं : वे उन्हें स्वीकार करने से ही इंकार कर देते हैं; वे उन्हें स्वीकार करते हुए उन्हें झेलते हैं; या वे उन्हें स्वीकार करते हुए चीज़ों को बेहतर बनाने की कोशिश करते हैं। लीडर्स को हमेशा तीसरा तरीक़ा अपनाना चाहिए।

रेडियो उद्घोषक पॉल हार्वे ने कहा था, "ऐसे समय में यह याद करना अच्छा होता है कि ऐसे समय हमेशा रहे हैं।" कोई भी लीडर अपना सिर रेत में छिपाकर मुश्किल समय में अपने लोगों को सुरक्षित दिशा नहीं दिखा सकता। प्रभावी लीडर्स हर स्थिति की वास्तविकता का डटकर सामना करते हैं।

3. वे बड़ी तस्वीर देखते हैं

लीडर्स को लगातार बड़ी तस्वीर देखते रहना चाहिए। उन्हें भावनाओं को खुद पर हावी नहीं होने देना चाहिए। इसके अलावा उन्हें छोटी-छोटी चीज़ों में इतना नहीं डूबना चाहिए कि वे सचमुच महत्वपूर्ण चीज़ पर से ही नज़रें हटा लें। लेखक अल्फ़्रेड आरमंड मोंटापर्ट ने लिखा था, "बहुसंख्यक लोग बाधाओं को देखते हैं; सिर्फ़ चंद लोग ही लक्ष्यों पर नज़रें टिकाए रखते हैं; इतिहास बाद वालों की सफलताएँ दर्ज करता है और पहले वालों को भुला देता है।"

4. वे एक बार में एक चीज़ से निबटते हैं

रिचर्ड स्लोमा ने एक बार सलाह दी थी : "कभी भी सारी समस्याओं को एक साथ सुलझाने की कोशिश न करें- उन्हें एक के बाद एक क़तार में लगा लें।" जो लीडर्स मुश्किल में फँसते हैं, उनमें से अधिकांश वही होते हैं, जो अपनी समस्याओं के आकार या संख्या से घबरा जाते हैं और फिर उन्हें एक साथ सुलझाने की कोशिश करने लगते हैं। अगर आपके सामने बहुत सी समस्याएँ हैं, तो यह सुनिश्चित करें कि आप पहले एक समस्या को पूरी तरह सुलझा लें और इसके बाद ही अगली समस्या के समाधान की ओर बढ़ें।

5. निराशा के दौर में वे किसी बड़े लक्ष्य को नहीं छोड़ते हैं

प्रभावी लीडर्स शिखर-से-शिखर सिद्धांत को समझते हैं। वे बड़े निर्णय तब लेते हैं, जब वे अपने नेतृत्व में किसी सकारात्मक उछाल का अनुभव करते हैं। वे निराशा के दौर में बड़े निर्णय नहीं लेते हैं। जैसा एनएफ़एल के फ़ुलबैक बॉब क्रिश्चियन कहते हैं, "प्रशिक्षण शिविर के दौरान मैं कभी यह तय नहीं करता कि क्या यह रिटायर होने का समय है।" वे जानते हैं कि घाटी में रहते समय पलायन का मन नहीं बनाना चाहिए।

इस पर विचार करना

लेखक जॉर्ज मैथ्यू एडम्स ने कहा है, "आप क्या सोचते हैं, यह आपके जीवन में बाक़ी किसी भी चीज़ से ज़्यादा मायने रखता है- आपकी आमदनी से ज़्यादा, आपके रहने के स्थान से ज़्यादा, आपकी सामाजिक स्थिति से ज़्यादा और आपके बारे में दूसरों के विचारों से भी ज़्यादा।" हर समस्या आपको अपने आप से ही परिचित कराती है। यह आपको दिखाती है कि आप कैसा सोचते हैं और किस मिट्टी के बने हैं।

किसी समस्या से सामना होने पर आपकी प्रतिक्रिया कैसी होती है? क्या आप इसे नज़रअंदाज़ कर देते हैं और इसके अपने आप दूर होने की उम्मीद करते हैं? क्या आप यह सोचते हैं कि आपमें इसे सुलझाने की शक्ति नहीं है? क्या आपको अतीत में समस्याएँ सुलझाने की कोशिश में ऐसे बुरे अनुभव हो चुके हैं कि आपका हौसला पस्त हो चुका है? या फिर आप पूरे जोश से समस्याओं से मुक़ाबला करते हैं? प्रभावी ढंग से समस्याएँ सुलझाने की योग्यता बाधाओं का सामना करने और उनसे उबरने के अनुभव से आती है। जब भी आप किसी समस्या को सुलझाते हैं, तो इस प्रक्रिया में आप थोड़े बेहतर बन जाते हैं। लेकिन अगर आप कभी कोशिश ही नहीं करते हैं और असफल हो जाते हैं, तथा दोबारा कोशिश करते हैं, तो आप इसमें कभी माहिर नहीं हो पाएँगे।

इसे आत्मसात करना

समस्या सुलझाने में बेहतर बनने के लिए निम्न कार्य करें :

* *समस्या की तलाश करें।* यदि आप समस्याओं से बच रहे हैं, तो जाकर उनकी तलाश करें। जब आप उनसे निबटने का अनुभव हासिल कर लेंगे, तभी आप बेहतर बनेंगे। ऐसी परिस्थितियाँ खोजें, जिन्हें ठीक करने की ज़रूरत है। कई संभावित समाधान सोचें और फिर उन्हें किसी ऐसे लीडर के पास लेकर जाएँ, जिसे समस्या सुलझाने का अच्छा अनुभव हो। उसके निर्णयों से आप सीखेंगे कि मुश्किलों से मुक़ाबला करते समय वह कैसे सोचता है।

* *एक विधि विकसित करें।* समस्या सुलझाने में कुछ लोगों को बहुत मुश्किल आती है, क्योंकि वे उनसे निबटने की विधि नहीं जानते हैं। इस संदर्भ में नीचे दी गई प्रक्रिया अपनाएँ :

  समय : असली मुद्दे को खोजने में समय लगाएँ।

  जानकारी : पता लगाएँ कि दूसरों ने क्या किया है।

  सहयोग : अपनी टीम से सारे पहलुओं का अध्ययन करवाएँ।

  रचनात्मकता : बहुत से समाधानों पर विचारमंथन करें।

  चुनें : सर्वश्रेष्ठ समाधान पर अमल करें।

* *समस्या सुलझाने वालों से घिरे रहें।* यदि आप समस्या सुलझाने में माहिर नहीं हैं, तो इस काम में निपुण लोगों को अपनी टीम में रखें। वे तुरंत आपकी कमज़ोरियों की भरपाई कर देंगे और आप उनसे सीख भी लेंगे।

दैनिक सबक़

बॉक्सर जीन टनी ने जैक डेंपसी को हराकर विश्व हैवीवेट चैंपियनशिप जीत ली। अधिकांश लोग यह नहीं जानते हैं कि अपने बॉक्सिंग कैरियर की शुरुआत में टनी एक पॉवर पंचर थे। लेकिन पेशेवर बनने से पहले ही उनके दोनों हाथ टूट गए। उनके डॉक्टर और मैनेजर दोनों ने ही उन्हें बताया कि इस कारण वे पॉवर पंचिंग में कभी विश्व चैंपियन नहीं बन पाएँगे। लेकिन इससे उनका हौसला पस्त नहीं हुआ।

उन्होंने कहा, "अगर मैं पॉवर पंचर के रूप में चैंपियन नहीं बन सकता, तो मैं बॉक्सर के रूप में यह काम करूँगा।" उन्होंने बॉक्सिंग सीखी, वे बहुत कुशल बॉक्सर बने और अंततः उन्होंने चैंपियनशिप जीत ली। कभी भी दूसरों को अपने सपनों की राह में बाधा न डालने दें।

संबंध :
यदि आप चलते हैं, तो वे आपके साथ-साथ चलते हैं

सफलता के फ़ॉर्मूले में सबसे महत्वपूर्ण बात यह जानना है कि लोगों को साथ लेकर कैसे चला जाता है।

– थियोडोर रूज़वेल्ट, अमेरिकी राष्ट्रपति

लोगों को यह परवाह नहीं होती कि आप कितना जानते हैं, जब तक कि वे यह न जानते हों कि आपको उनकी कितनी परवाह है।

– जॉन सी. मैक्सवेल

सर्वश्रेष्ठ चिकित्सा

अगर आप डॉक्टर नहीं हैं, तो शायद आपने विलियम ओस्लर का नाम नहीं सुना होगा। वे एक डॉक्टर, यूनिवर्सिटी प्रोफ़ेसर और लेखक भी थे। 1919 में 70 साल की उम्र में मृत्यु होने तक उन्होंने चिकित्सा की और पढ़ाया। उनकी पुस्तक *प्रिंसिपल्स एंड प्रैक्टिस ऑफ़ मेडिसिन* ने चालीस वर्षों से भी अधिक समय तक अँग्रेज़ी भाषा जानने वाले पूरे संसार, चीन और जापान के चिकित्सकों पर असर डाला। लेकिन यह विश्व को उनका महानतम योगदान नहीं था। ओस्लर ने डॉक्टरी के पेशे में मानवीय संवेदना भरने का काम भी किया।

नेतृत्व के प्रति ओस्लर का रुझान बचपन में ही स्पष्ट हो गया था। उनमें नेतृत्व की नैसर्गिक प्रवृत्ति थी और वे अपने स्कूल के सबसे प्रभावी विद्यार्थी थे। उन्होंने हमेशा लोगों को साथ लेकर चलने की ज़बरदस्त योग्यता दिखाई। ओस्लर ने जो भी काम किए, उनमें संबंध बनाने का महत्व साफ़ झलकता था। जब वे बड़े होकर डॉक्टर बने, तो उन्होंने एसोसिएशन ऑफ़ अमेरिकन फ़िज़िशियन्स की स्थापना की, ताकि चिकित्सा के पेशे में काम करने वाले लोग आपस में मिल-जुल सकें, जानकारियों का आदान-प्रदान कर सकें और एक-दूसरे को सहयोग-समर्थन दे सकें। टीचर के रूप में उन्होंने मेडिकल कॉलेज में पढ़ने-पढ़ाने के तरीक़े को बदल डाला। वे विद्यार्थियों को नीरस क्लास रूम्स से बाहर निकालकर हॉस्पिटल वार्ड्स में ले गए, ताकि रोगियों के साथ उनका सीधा संपर्क हो सके। उनका मानना था कि विद्यार्थियों को सबसे पहले और सबसे अच्छी तरह स्वयं रोगियों से सीखना चाहिए।

लेकिन ओस्लर का जोश डॉक्टरों को करुणा का भाव सिखाना था। उन्होंने चिकित्सा के विद्यार्थियों के एक समूह से कहा था,

विदेशी लोगों में एक प्रबल भावना है- जो आपको अख़बारों में पढ़ने को मिलती है- कि हम डॉक्टर्स आजकल विज्ञान के प्रति समर्पित हो चुके हैं; हम इंसान के बजाय रोग और इसके वैज्ञानिक पहलुओं की ज़्यादा परवाह करते हैं... मेरा आग्रह है कि जब आप चिकित्सक बनें, तो रोगी की ज़्यादा परवाह करें... कष्ट उठाती ग़रीब मानवता का उपचार करते समय हम मनुष्य

को बिना मुखौटे के देखते हैं। उस समय उसकी सभी कमज़ोरियाँ साफ़ दिखाई देती हैं और आपको अपना दिल नर्म रखना होगा, वरना अपने साथी इंसानों के प्रति आपमें हिक़ारत का भाव आ जाएगा।

करुणा प्रदर्शित करने और संबंध बनाने की ओस्लर में अद्भुत योग्यता थी। इसकी स्पष्ट मिसाल 1918 की इंफ़्लुएंजल निमोनिया की महामारी के दौरान एक रोगी के उपचार में देखने को मिलती है। ओस्लर आम तौर पर अस्पताल में ही रोगियों का इलाज करते थे, लेकिन महामारी इतनी भयंकर थी कि उन्होंने कई रोगियों के घर जाकर भी उनका इलाज किया। एक छोटी लड़की की माँ ने बताया कि ओस्लर हर दिन दो बार उसकी बच्ची को देखने आते थे और उससे नर्मी से बात करते थे। वे उसका दिल बहलाने के लिए उसके साथ खेलते थे और उसके लक्षणों के बारे में जानकारी जुटाते थे।

ओस्लर जानते थे कि बच्ची को बचाया नहीं जा सकता और उसकी मृत्यु का समय क़रीब आ चुका है। एक दिन वे एक सुंदर लाल गुलाब काग़ज़ में लपेटकर लाए, जो उस गर्मी का आख़िरी गुलाब था और उनके ख़ुद के बगीचे में उगा था। उन्होंने लड़की को वह गुलाब भेंट में दिया और बताया कि गुलाब भी लंबे समय तक एक ही जगह पर नहीं रुक पाते हैं और उन्हें एक नए घर में जाना पड़ता है। उनके शब्दों और उपहार से बच्ची को सांत्वना मिली। कुछ दिनों बाद उसकी मृत्यु हो गई।

अगले ही वर्ष ओस्लर का भी देहांत हो गया। उस वक़्त उनके एक ब्रिटिश सहकर्मी ने उनके बारे में कहा था,

इस तरह असमय ही वे इतिहास में चले गए, हालाँकि धरती पर ख़ुद को मिले समय में वे इतिहास के सबसे महान चिकित्सक बन गए थे...

और उनके जीवनकाल में सबसे बढ़कर हम ओस्लर को एक मित्र के रूप में जानते और मानते थे; जिनमें मित्रता की प्रतिभा हमारी पीढ़ी के किसी भी अन्य व्यक्ति से ज़्यादा थी। हम सभी में उनकी अद्भुत रुचि थी, जो उनका सबसे उल्लेखनीय गुण था... यह उनकी मानवता और अपने साथियों में उनकी असाधारण रुचि

थी, जिससे उनकी बाक़ी सभी शक्तियाँ प्रवाहित होती नज़र आती थीं।

विस्तृत विवरण

लोगों के साथ काम करने और संबंध बनाने की योग्यता प्रभावी नेतृत्च के लिए बिलकुल अनिवार्य है। एक्ज़ीक्यूटिव फ़ीमेल मैग्ज़ीन के मई 1991 के अंक के अनुसार नियोक्ताओं से पूछा गया कि वे अपने कर्मचारियों में किन तीन गुणों को सबसे ज़्यादा चाहते हैं। उस सूची में पहले स्थान पर जो गुण था, वह था लोगों से संबंध बनाने की योग्यता : 84 प्रतिशत नियोक्ता अच्छे व्यवहार की योग्यता वाले कर्मचारी चाहते थे। केवल 40 प्रतिशत ने तीन शीर्ष गुणों में शिक्षा और अनुभव को शामिल किया था। जब ज़रा सोचें, अगर नियोक्ताओं को लोक-व्यवहार की योग्यता वाले *कर्मचारियों* की ज़रूरत है, तो यह योग्यता *लीडर्स* के लिए कितनी ज़्यादा अनिवार्य है। लोग सचमुच ऐसे व्यक्तियों का अनुसरण करना चाहते हैं, जो उन्हें साथ लेकर चल सकें। हालाँकि यह हो सकता है कि लोक व्यवहार में निपुण होने के बावजूद कोई व्यक्ति अच्छा लीडर न हो, लेकिन यह पूरी तरह सच है कि लोक व्यवहार की अच्छी योग्यताओं के बिना कोई भी व्यक्ति कभी अच्छा लीडर नहीं बन सकता।

लीडर के रूप में अच्छे संबंध बनाने और बनाए रखने के लिए व्यक्ति क्या कर सकता है? इसके लिए तीन चीज़ों की ज़रूरत होती है :

1. लीडर का दिमाग़ रखें - लोगों को समझें

संबंध बनाने वाले लीडर का पहला गुण यह समझने की योग्यता है कि लोग कैसा महसूस करते और सोचते हैं। जब आप दूसरों के साथ काम करते हैं, तो यह बात अच्छी तरह जान लें कि चाहे वे लीडर्स हों या अनुयायी, सभी लोगों में कुछ बातें समान होती हैं :

वे ख़ास महसूस करना चाहते हैं, इसलिए उनकी सच्ची प्रशंसा करें।

वे बेहतर भविष्य चाहते हैं, इसलिए उन्हें उम्मीद बँधाएँ।

वे दिशा चाहते हैं, इसलिए उनका मार्गदर्शन करें।

वे स्वार्थी होते हैं, इसलिए पहले उनकी आवश्यकताओं के बारे में बात करें।

भावनात्मक रूप से उनका मनोबल कम हो जाता है, इसलिए उनका उत्साह बढ़ाएँ।

वे सफलता चाहते हैं, इसलिए जीतने में उनकी मदद करें।

इन सच्चाइयों को जानने के बाद भी लीडर को लोगों के साथ व्यक्तियों की तरह बर्ताव करना चाहिए। हर व्यक्ति को देखने, समझने और उसके साथ जुड़ने की क़ाबिलियत सफल संबंध का एक महत्त्वपूर्ण अंग होती है। इसका मतलब है सभी व्यक्तियों के साथ एक जैसा बर्ताव करने के बजाय हर व्यक्ति के साथ अलग-अलग व्यवहार करना। मार्केटिंग विशेषज्ञ रॉड निकोल्स ने कहा है कि व्यवसाय में यह ख़ास मायने रखता है : "अगर आप हर ग्राहक से एक ही तरीक़े से पेश आते हैं, तो आप सिर्फ़ 25-30 प्रतिशत ग्राहकों के साथ ही कामयाब हो पाएँगे, क्योंकि तब आप केवल एक ही प्रकार के व्यक्तित्व वाले लोगों को सामान बेच पाएँगे। लेकिन अगर आप यह सीख लेते हैं कि चारों प्रकार के व्यक्तित्व वाले लोगों के साथ व्यवहार कैसे किया जाता है, तो आप सैद्धांतिक रूप से अपने शत-प्रतिशत संभावित ग्राहकों को सामान बेचने में कामयाब हो सकते हैं।"

इस संवेदनशीलता को नेतृत्त्व का नर्म घटक भी कहा जा सकता है। आप जिस व्यक्ति का नेतृत्त्व कर रहे हैं, आपको अपनी नेतृत्त्व शैली उसी के अनुरूप ढाल लेनी चाहिए।

2. लीडर का हृदय रखें - लोगों से प्रेम करें

डिफ़िनिटिव कंप्यूटर सर्विसेस के प्रेसिडेंट और सीईओ हेनरी ग्रूलैंड यह विचार देते हैं : "लीडर बनना महज़ नेतृत्त्व करने की इच्छा से कहीं ज़्यादा है। लीडर्स में दूसरों के प्रति समानुभूति होती है और अपने अधीनस्थों में निकृष्टतम नहीं, बल्कि सर्वश्रेष्ठ गुण खोजने की तीक्ष्ण योग्यता भी होती है... वे दूसरों की सच्ची परवाह करते हैं।"

जब तक आप लोगों से प्रेम नहीं करते, तब तक आप सचमुच प्रभावी लीडर नहीं बन सकते, जिसका लोग सचमुच अनुसरण करना चाहें। भौतिक शास्त्री अल्बर्ट आइंस्टाइन ने इसे इस तरह से कहा है : "इस पृथ्वी पर हमारी स्थिति अजीब है। हममें से हर व्यक्ति एक संक्षिप्त यात्रा पर यहाँ आता है और उसे यह पता नहीं होता कि वह यहाँ क्यों आया है। लेकिन कई बार कोई व्यक्ति अपने उद्देश्य को समझ लेता है। बहरहाल, दैनिक जीवन के दृष्टिकोण से हमें एक चीज़ हमेशा याद रखनी चाहिए : मनुष्य यहाँ दूसरे लोगों की ख़ातिर आया है।"

3. लीडर का हाथ बढ़ाएँ - लोगों की मदद करें

जनरल मोटर्स के ले रॉय एच. कुर्ट्ज़ ने कहा था, "उद्योग-धंधों में उन कंपनियों की हड्डियाँ बिखरी पड़ी हैं, जिनका नेतृत्व स्वार्थ का शिकार हो गया था, जिन्हें देने के बजाय लेने में यक़ीन था... जिन्हें यह अहसास ही नहीं था कि जिन एकमात्र संपत्तियों को आसानी से किसी दूसरी चीज़ से बदला नहीं जा सकता, वे इंसान हैं।" लोग उस लीडर का सम्मान करते हैं, जो उनके हितों का ध्यान रखता है। यदि आपका ध्यान इस बात पर केंद्रित है कि आप उनमें से क्या बाहर निकाल सकते हैं, तो आप मुश्किल में हैं। दूसरी ओर, अगर आपका ध्यान इस बात पर केंद्रित है कि आप लोगों को क्या दे सकते हैं, तो वे आपसे प्रेम करेंगे और आपका सम्मान करेंगे- और इससे संबंध की एक मज़बूत नींव बन जाएगी।

इस पर विचार करना

आपमें लोक-व्यवहार की कितनी क़ाबिलियत है? क्या आप अजनबियों के साथ अच्छी तरह घुल-मिल जाते हैं? क्या आप सभी प्रकार के लोगों के साथ अच्छा व्यवहार कर लेते हैं? क्या आप जल्द ही साझा ज़मीन खोज सकते हैं? दीर्घकालीन व्यवहार के मामले में आपकी स्थिति कैसी है? क्या आप संबंधों को क़ायम रख पाने में सक्षम हैं? यदि आपकी संबंधात्मक योग्यताएँ कमज़ोर हैं, तो आपका नेतृत्व हमेशा कमज़ोर रहेगा।

इसे आत्मसात करना

अपने संबंधों को बेहतर बनाने के लिए निम्न कार्य करें :

* *अपनी मानसिकता को बेहतर बनाएँ।* अगर लोगों को समझने की योग्यता बढ़ाने की ज़रूरत हो, तो इस विषय पर पुस्तकें पढ़कर इसे बेहतर बना लें। इस संदर्भ में मैं डेल कारनेगी, एलन लॉय मैक्‌गिनिस और लेस पैरट तृतीय की पुस्तकें पढ़ने की सलाह देता हूँ। फिर सीखी हुई बातों पर अमल करने के लिए कुछ समय तक लोगों का निरीक्षण करें और उनसे बातचीत करें।

* *अपने हृदय में प्रेम भरें।* यदि आप दूसरों के प्रति उतनी परवाह नहीं दिखाते हैं, जितनी कि दिखा सकते हैं, तो आप आत्म-केंद्रित हैं और आपको खुद पर से अपना ध्यान हटा लेना चाहिए। उन छोटी-छोटी चीज़ों की सूची बनाएँ, जिन्हें करके आप अपने मित्रों और सहकर्मियों के मूल्य को बढ़ा सकते हैं। फिर उनमें से प्रत्येक को हर दिन करने की कोशिश करें। तब तक इंतज़ार न करें, जब तक कि आपके मन में दूसरों की मदद करने की भावना न हो। काम करके अपने मन में यह भावना जगा लें।

* *किसी आहत संबंध की मरम्मत करें।* किसी दीर्घकालीन और बहुमूल्य संबंध के बारे में सोचें, जो क्षीण हो चुका है। इसे दोबारा मज़बूत बनाने के लिए आप जो कर सकते हों, वह सब करें। उस व्यक्ति से संपर्क करें और उससे दोबारा जुड़ने की कोशिश करें। अगर आपमें मनमुटाव हो गया है, तो उसमें अपनी भूमिका की ज़िम्मेदारी लें और माफ़ी माँगें। उस व्यक्ति को बेहतर समझने, प्रेम करने और सेवा करने की पूरी कोशिश करें।

दैनिक सबक़

अपनी छोटी कहानी "द कैपिटल ऑफ़ द वर्ल्ड" में नोबल पुरस्कार विजेता लेखक अर्नेस्ट हेमिंग्वे एक पिता और उसके किशोर पुत्र पैको की दास्तान बताते हैं, जिनके संबंध टूट चुके हैं। जब बेटा घर से भाग जाता

है, तो पिता उसकी तलाश में एक लंबी यात्रा करता है। अंततः आख़िरी विकल्प के रूप में वह पिता मैड्रिड के एक स्थानीय अख़बार में विज्ञापन देता है, जिसमें लिखा रहता है, "प्रिय पैको, कल दोपहर को अख़बार के ऑफ़िस के सामने मुझसे मिलो... सब कुछ माफ़ कर दिया गया है... मैं तुमसे प्रेम करता हूँ।" अगली सुबह अख़बार के ऑफ़िस के सामने पैको नाम के आठ सौ लोगों की भीड़ लग जाती है, जो टूटे हुए संबंध की मरम्मत करने की इच्छा से वहाँ आए थे। लोगों के जीवन में संबंधों की शक्ति को कभी कम न आँकें।

ज़िम्मेदारी :
यदि आप ज़िम्मेदारी स्वीकार नहीं कर सकते, तो आप टीम का नेतृत्व नहीं कर सकते

किसी भी बड़ी सफलता के लिए यह आवश्यक होता है कि आप ज़िम्मेदारी स्वीकार करें... अंतिम विश्लेषण में, सभी सफल लोगों में यह गुण होता है कि उनमें ज़िम्मेदारी लेने की योग्यता होती है।

– माइकल कोर्डा,

प्रधान संपादक, साइमन एंड शुस्टर

एक लीडर कुछ भी छोड़ सकता है– सिवाय अंतिम ज़िम्मेदारी के।

– जॉन सी. मैक्सवेल

अलेमो की याद में

1835 के उत्तरार्ध में टेक्सॉस के विद्रोहियों के एक समूह ने सैन एंटोनियो में एक छोटे से किले की घेराबंदी कर ली, जो पहले चर्च था। वर्ष के अंत तक किले के भीतर मौजूद मेक्सिको के सैनिक समर्पण करके दक्षिण दिशा में चले गए और किले को विद्रोहियों के हवाले कर गए। चर्च की पुरानी इमारत का नाम था अलेमो।

इस कार्य से अमेरिकी इतिहास की एक महान वीरतापूर्ण घटना का मंच तैयार हो गया। वहाँ अगले साल फरवरी–मार्च में जो युद्ध हुआ, वह वीरता और अद्भुत ज़िम्मेदारी की कहानी है।

अलेमो में अमेरिकी बाशिंदों और मेक्सिको की सेना के बीच युद्ध तय था। पच्चीस वर्षों तक टेक्सॉस के नागरिकों ने मेक्सिको की सरकार की ग़ुलामी से आज़ाद होने की बार-बार कोशिश की। और हर बार मेक्सिको ने विद्रोह का दमन करने के लिए सैनिक दस्ते भेजे। लेकिन इस बार मामला अलग था। किले में 183 स्वयंसेवकों का दृढ़ समूह था, जिनमें अनुभवी सैनिक और मोर्चाबंदी में माहिर विलियम ट्राविस, डेवी क्रोकेट और जिम बोवी आदि शामिल थे। उनका सूत्रवाक्य था, "विजय या मृत्यु।"

फरवरी के अंत में मेक्सिको के हज़ारों सैनिक एंटोनियो लोपेज़ डी सांता आन्ना की कमान में सैन एंटोनियो की ओर बढ़े और उन्होंने अलेमो को घेर लिया। जब मेक्सिको के सैनिकों ने समर्पण के लिए उनके सामने शर्तें रखीं, तब भी विद्रोही रक्षकों ने झुकने का कोई संकेत नहीं दिया। जब शत्रुओं ने यह ऐलान किया कि लड़ाई होने पर उनके प्रति कोई दया नहीं दिखाई जाएगी, तब भी अमेरिकी टस से मस नहीं हुए।

जब यह तय हो गया कि युद्ध अवश्यंभावी है, तो टेक्सॉस के लोगों ने एक युवक को भेजा कि वह टेक्सॉस की सेना से सैनिक लेकर आए। उस युवक का नाम जेम्स बॉनहैम था। वह रात को पुराने मिशन से चुपके से बाहर निकला और मदद के लिए 95 मील दूर स्थित गोलियाड पहुँचा। वहाँ पहुँचने पर उसे पता चला कि मदद के लिए कोई सैनिक दस्ता उपलब्ध नहीं है।

ग्यारह दिनों तक सांता आन्ना के सैनिक अलेमो पर प्रहार करते रहे। और 6 मार्च 1836 की सुबह मेक्सिको की सेना पुराने चर्च के भीतर घुस गई। जब लड़ाई ख़त्म हुई, तो 183 रक्षकों में से एक भी ज़िंदा नहीं बच पाया। लेकिन वे दुश्मन के छह सौ सैनिकों को भी अपने साथ क़ब्र में ले गए थे।

और उस संदेशवाहक जेम्स बॉनहैम का क्या हुआ, जिसे गोलियाड भेजा गया था? बॉनहैम बड़ी आसानी से घोड़ा दौड़ाकर सुरक्षित दूर जा सकता था। लेकिन उसमें ज़िम्मेदारी का प्रबल अहसास था। इसके बजाय वह घोड़े पर चढ़कर अलेमो लौटा, शत्रु की आक्रमण पंक्तियों के बीच से गुज़रा और अपने साथियों से आ मिला, ताकि वह उनके साथ कंधे से कंधा मिलाकर खड़ा हो सके, लड़ सके और मौत को गले लगा सके।

हालाँकि अलेमो में अमेरिकी रक्षक हार गए, लेकिन वह लड़ाई मेक्सिको के साथ होने वाले युद्ध का निर्णायक बिंदु थी। "अलेमो को याद करो" बाद की लड़ाइयों का नारा बन गया और इसने जनरल सांता आन्ना और उसके दस्तों के ख़िलाफ़ जनसमर्थन जुटाया। दो महीने के भीतर ही टेक्सॉस ने स्वतंत्रता हासिल कर ली।

विस्तृत विवरण

जेम्स बॉनहैम और उसके साथियों ने जिस तरह की ज़िम्मेदारी का प्रदर्शन किया था, वैसी ज़िम्मेदारी वर्तमान अमेरिकी संस्कृति में यदा-कदा ही देखने को मिलती है। लोग अब अपनी ज़िम्मेदारियों के बजाय अपने अधिकारों पर ज़्यादा ध्यान देने लगे हैं। वर्तमान नज़रिए पर विचार करते हुए मेरे मित्र हेडॉन रॉबिन्सन का निष्कर्ष है, "यदि आप अमीर बनना चाहते हैं, तो पीड़ितों के उद्योग में निवेश करें। यह अमेरिका का सबसे तेज़ी से बढ़ने वाला उद्योग है।" वे बताते हैं कि पीड़ितों को पहचानकर, उनका प्रतिनिधि बनकर, उनका साक्षात्कार लेकर, उनका उपचार करके, उनका बीमा करके और उन्हें परामर्श देकर करोड़ों लोग अमीर बन रहे हैं।

अच्छे लीडर्स कभी भी पीड़ित मानसिकता नहीं रखते हैं। वे यह बात अच्छी तरह पहचानते हैं कि वे जो भी हैं और जहाँ भी हैं, उसकी

ज़िम्मेदारी उनके माता-पिता, जीवनसाथी, बच्चों, सरकार, बॉस या सहकर्मियों पर नहीं- बल्कि स्वयं उन पर है। जीवन उन्हें जैसी भी परिस्थितियाँ देता है, उनमें वे अपना सर्वश्रेष्ठ प्रदर्शन करते हैं और इस बात का ध्यान रखते हैं कि उन्हें टीम के नेतृत्व का अवसर तभी मिलेगा, जब वे यह साबित कर देंगे कि वे ज़िम्मेदारी उठा सकते हैं।

जो लोग ज़िम्मेदारी को गले लगाते हैं, उनके इन लक्षणों पर ग़ौर करें :

1. वे काम को पूरा करते हैं

अपने दम पर करोड़पति बने लोगों के अध्ययन में जॉर्जिया यूनिवर्सिटी के डॉ. थॉमस स्टेनले ने पाया कि उन सभी में एक चीज़ समान थी : वे कड़ी मेहनत करते थे। एक करोड़पति से पूछा गया कि वह हर दिन बारह से चौदह घंटे काम क्यों करता है। उसने जवाब दिया : एक बड़े संगठन में नौकरी करते समय यह समझने में मुझे पंद्रह साल लग गए कि हमारे समाज में आप हर दिन आठ घंटे जीवित रहने के लिए काम करते हैं। यानी अगर आप दिन में सिर्फ़ आठ घंटे ही काम करते हैं, तो आप सिर्फ़ जीवित रहते हैं... आठ घंटे से ऊपर आप जो भी करते हैं, वही आपके भविष्य में निवेश है।" न्यूनतम कार्य करके कोई भी व्यक्ति अपनी अधिकतम संभावना तक नहीं पहुँच सकता।

लोग काम पूरा करने का नज़रिया कैसे बनाए रखते हैं? वे ख़ुद को सेल्फ़-एम्प्लॉयड मानते हैं। यदि आप ज़्यादा हासिल करना चाहते हैं और अनुयायियों में अपनी विश्वसनीयता क़ायम रखना चाहते हैं, तो यही मानसिकता अपनाएँ। इससे आप बहुत आगे पहुँच जाएँगे।

2. वे एक मील आगे तक जाने के इच्छुक रहते हैं

ज़िम्मेदार लोग कभी विरोध करते हुए यह नहीं कहते हैं, "यह मेरा काम नहीं है।" संगठन के काम को पूरा करने के लिए हर ज़रूरी काम करने को वे ख़ुशी-ख़ुशी तैयार रहते हैं। अगर आप सफल होना चाहते हैं, तो संगठन के लक्ष्यों को अपने व्यक्तिगत लक्ष्यों के आगे रखने के लिए तत्पर रहें।

3. वे उत्कृष्टता से प्रेरित होते हैं

उत्कृष्टता बहुत बड़ी प्रेरक है। जो लोग उत्कृष्टता की इच्छा रखते हैं- और इसे हासिल करने के लिए कड़ी मेहनत करते हैं- वे लगभग हमेशा ज़िम्मेदारी का भाव रखते हैं। और जब वे अपना सब कुछ झोंक देते हैं, तो उन्हें मानसिक शांति भी मिलती है। सफलता के नामी विशेषज्ञ जिम रॉन कहते हैं, "तनाव तभी होता है, जब आप अपनी क्षमता से कम काम करते हैं।" उच्च गुणवत्ता को ध्येय बना लेंगे, तो ज़िम्मेदारी अपने आप आ जाएगी।

4. वे परिणाम देते हैं, चाहे स्थिति कैसी भी हो

ज़िम्मेदार व्यक्ति का चरम गुण काम पूरा करने की योग्यता है। एन ओपन रोड में रिचर्ड एल. इवान्स लिखते हैं, "ऐसा व्यक्ति खोजना अनमोल है, जो ज़िम्मेदारी ले और काम पूरा कर दे और अंतिम विवरण तक उत्कृष्टता सुनिश्चित करे। यह जानना बहुत सुखद होता है कि अगर किसी ने कोई काम स्वीकार कर लिया है, तो वह अच्छी तरह और सफलतापूर्वक पूरा हो जाएगा।" यदि आप नेतृत्व करना चाहते हैं, तो आपको परिणाम देने होंगे।

इस पर विचार करना

गिल्बर्ट आरलैंड यह सलाह देते हैं : "जब कोई तीरंदाज़ निशाना चूकता है, तो वह मुड़ता है और अपने भीतर दोष खोजता है। निशाना चूकने में दोष कभी भी निशाने का नहीं होता। अपने लक्ष्य को बेधने की क्षमता बेहतर बनाने के लिए खुद को बेहतर बनाएँ।"

ज़िम्मेदारी के संदर्भ में क्या आप सही निशाना लगाते हैं? क्या बाक़ी लोग आपको काम पूरा करने वाला मानते हैं? क्या लोग दबाव की स्थितियों में आपको ज़िम्मेदारी सौंपने के लिए उत्सुक रहते हैं? क्या आप उत्कृष्टता के लिए जाने जाते हैं? अगर आप सर्वोच्च स्तर पर प्रदर्शन नहीं कर रहे हैं, तो आपको ज़िम्मेदारी का ज़्यादा प्रबल अहसास विकसित करने की ज़रूरत हो सकती है।

इसे आत्मसात करना

अपनी ज़िम्मेदारी के स्तर को बेहतर बनाने के लिए ये कार्य करें :

* *वहाँ पर रुके रहें।* कई बार मुश्किल परिस्थितियों में परिणाम न दे पाने की अक्षमता लगन की कमी के कारण भी हो सकती है। अगली बार जब आप ख़ुद को ऐसी स्थिति में पाएँ, जहाँ आप कोई डेडलाइन चूकने वाले हों, कोई सौदा गँवाने वाले हों या किसी योजना पर अमल करने में असफल होने वाले हों, तो रुककर पता लगाएँ कि सफल कैसे हुआ जाए। बक्से के बाहर सोचें। क्या आप रात भर काम कर सकते हैं? क्या आप अपनी मदद के लिए किसी सहकर्मी को बुला सकते हैं? क्या आप किसी को नौकरी पर रख सकते हैं या मदद के लिए किसी स्वयंसेवक को खोज सकते हैं? जीवन में रचनात्मकता से भी ज़िम्मेदारी आ सकती है।

* *स्वीकार करें कि क्या अच्छा नहीं है।* यदि आपको उत्कृष्टता हासिल करने में मुश्किल आ रही है, तो संभवतः आपने अपने मानदंड नीचे कर लिए हैं। अपने व्यक्तिगत जीवन में ऐसी जगहों की तलाश करें, जहाँ आपने चीज़ों को फिसल जाने दिया है। फिर परिवर्तन करके ज़्यादा ऊँचे पैमाने तय करें। इससे आपको उत्कृष्टता की छड़ को ऊपर उठाने में मदद मिलेगी।

* *बेहतर औज़ार खोजें।* यदि आप पाते हैं कि आपके मानदंड ऊँचे हैं, आपका नज़रिया अच्छा है और आप निरंतर कड़ी मेहनत करते हैं– लेकिन इसके बावजूद उम्मीद के मुताबिक़ परिणाम नहीं मिल रहे हैं– तो बेहतर औज़ार खोजें। प्रशिक्षण कक्षाओं में जाकर, पुस्तकें पढ़कर और टेप्स सुनकर अपनी योग्यताओं को बेहतर बनाएँ। कोई मार्गदर्शक खोजें। आप जो काम करते हैं, उसमें बेहतर बनने के लिए जो भी करने की ज़रूरत हो, वह सब करें।

दैनिक सबक़

कैलिफ़ोर्निया में बट्टे काउंटी जेल का एक क़ैदी वहाँ से भाग गया। बाद

में पकड़े जाने पर उसने सिपाहियों के सामने यह सफ़ाई दी : "मैं बाँस कूद खेल रहा था। खेलते-खेलते मैं दीवार के बहुत पास आ गया और दीवार के ऊपर से गिर पड़ा। जब मुझे होश आया, तो मैं काफ़ी दौड़ा, ताकि घूमकर दोबारा जेल के अंदर आने का रास्ता खोज सकूँ, लेकिन मैं उस इलाक़े से परिचित नहीं था, इसलिए मैं भटक गया। मुझे पता ही नहीं चला कि मैं कब चीको पहुँच गया।" लोगों को कभी यह अहसास ही नहीं होता कि उनके बहाने कितने कमज़ोर हैं, जब तक कि वे उन्हें दूसरों के मुँह से न सुनें।

सुरक्षा :
दक्षता कभी भी असुरक्षा के भाव की भरपाई नहीं कर सकती

यदि आपको लोगों की ज़रूरत है, तो आप लोगों का नेतृत्व नहीं कर सकते।

– जॉन सी. मैक्सवेल

वह व्यक्ति कभी महान लीडर नहीं बन सकता, जो सारा काम खुद करना चाहता है या उसे करने का सारा श्रेय खुद लेना चाहता है।

– एंड्रयू कारनेगी, उद्योगपति

लौह महिला और सुरक्षा

राष्ट्रपति रोनाल्ड रीगन के कार्यकाल में सात औद्योगिक देशों के मुखिया आर्थिक नीति पर विचार-विमर्श करने के लिए एक मीटिंग में व्हाइट हाउस आए हुए थे। मीटिंग के दौरान रीगन ने देखा कि कनाडा के प्रधानमंत्री पिएरे ट्रुड्यू भावावेश में ब्रिटिश प्रधानमंत्री मार्गरेट थैचर को लताड़ रहे हैं और उन्हें बता रहे हैं कि वे पूरी तरह ग़लत हैं और उनकी नीतियाँ कारगर नहीं होंगी। थैचर सिर तानकर पिएरे के सामने खड़ी थीं और उनकी बात पूरी सुनने के बाद वे वहाँ से चली गईं।

इस प्रसंग के बाद रीगन थैचर के पास जाकर बोले, "मैगी, उसे तुमसे इस तरह बात नहीं करनी चाहिए थी। वह सीमा लाँघ गया था, पूरी तरह। तुमने उसे क्यों छोड़ दिया ?"

थैचर ने रीगन की ओर देखकर जवाब दिया, "हर महिला अच्छी तरह जानती है कि कोई पुरुष कब बचकानी हरकतें कर रहा होता है।"

इस प्रसंग से मार्गरेट थैचर के स्वभाव का पता चलता है। वैश्विक लीडर के रूप में सफल होने के लिए शक्तिशाली और सुरक्षित व्यक्तित्व की ज़रूरत होती है। यह तब ख़ास तौर पर सच है, जब वह मुखिया महिला हो।

मार्गरेट थैचर जीवन भर हमेशा बहाव के ख़िलाफ़ तैरीं। ऑक्सफ़ोर्ड यूनिवर्सिटी में पढ़ते समय उन्होंने रसायन शास्त्र विषय चुना, जिसमें पुरुषों का वर्चस्व था और वे ऑक्सफ़ोर्ड यूनिवर्सिटी कनज़र्वेटिव एसोसिएशन की पहली महिला अध्यक्ष बनीं। कुछ साल बाद वे वकील बन गईं और कर विशेषज्ञ के रूप में परामर्श देने लगीं।

1959 में थैचर संसद सदस्य के रूप में चुनी गईं। इस तरह उन्होंने राजनीति में क़दम रखा, जो एक और पुरुष-प्रधान पेशा था। विश्लेषणात्मक, वाकपटु और विपरीत परिस्थितियों में शांत रहने वाली इस महिला को उनकी पार्टी ने अक्सर बहस में विरोधियों का सामना करने को कहा। उनकी योग्यता और विश्वास के पीछे एक नज़रिए की शक्ति थी, जो उन्होंने अपने पिता से सीखा था, जिन्होंने मार्गरेट थैचर से कहा था, "तुम कभी भीड़ के पीछे मत चलना; तुम अपने फ़ैसले ख़ुद करना।"

उनके दृढ़ संकल्प और उच्च क्षमता की बदौलत उन्हें कई शासकीय पद मिले। शिक्षा और विज्ञान मंत्री के पद पर कार्य करते समय उन्हें "ब्रिटेन की सबसे अलोकप्रिय महिला" कहा जाता था। लेकिन थैचर आलोचना के सामने ज़रा भी नहीं डगमगाईं। वे कड़ी मेहनत करती रहीं और लोगों का सम्मान हासिल करती रहीं। उनका पुरस्कार यह था कि वे ब्रिटेन के इतिहास की पहली महिला प्रधानमंत्री बनीं।

प्रधानमंत्री पद पर भी उनकी निरंतर आलोचना हुई। उन्हें शासकीय उद्योगों के निजीकरण, संगठित श्रम की भूमिका घटाने, फ़ॉकलैंड आइलैंड्स में सेना भेजने और सोवियत संघ के ख़िलाफ़ अनुदार नीतियों को क़ायम रखने के लिए अपमानित किया गया। लेकिन उनकी चाहे जितनी गंभीर आलोचना हुई हो, वे अपने विश्वासों की बदौलत सुरक्षित महसूस करती रहीं और उन्होंने आत्मसम्मान कभी नहीं खोया। उन्होंने एक बार कहा था, "मेरी नज़र में सर्वसम्मति का मतलब यह है कि सभी विश्वासों, सिद्धांतों, जीवनमूल्यों और नीतियों को छोड़कर किसी ऐसी चीज़ को खोजा जाए, जिसमें किसी को भी विश्वास न हो... 'मैं सर्वसम्मति के पक्ष में हूँ' इस नारे के साथ आज तक कौन सा महान उद्देश्य लड़ा और जीता गया है?"

थैचर में दृढ़ निश्चय और प्रबल विश्वास था। इसी कारण उन्हें "लौह महिला" कहा जाता था और वे लगातार तीन बार इंग्लैंड की प्रधानमंत्री चुनी गई थीं। यह उपलब्धि हासिल करने वाली आधुनिक युग की वे एकमात्र ब्रिटिश नेता हैं।

विस्तृत विवरण

मार्गरेट थैचर को अपने विश्वास या ख़ुद के बारे में कभी कोई शंका नहीं रही। इसी कारण नेतृत्व करते समय वे बहुत सुरक्षित महसूस करती थीं। सभी महान लीडर्स के साथ यही होता है। व्यक्ति ख़ुद को जैसा देखता है, उसके विपरीत किसी दूसरे स्तर पर वह जी ही नहीं सकता। आपने अपने आस-पास के लोगों में भी यह देखा होगा। यदि कोई ख़ुद को पराजित के रूप में देखता है, तो वह हारने का कोई न कोई तरीक़ा खोज

ही लेता है। जब भी उसकी सफलता का स्तर उसकी सुरक्षा के स्तर से ऊपर होता है, तो वह स्वयं ही अपने को नुक़सान पहुँचाने वाले काम करने लगता है। यह केवल अनुयायियों ही नहीं, लीडर्स के संदर्भ में भी सच है।

असुरक्षित लीडर्स ख़तरनाक होते हैं- ख़ुद के लिए भी, अनुयायियों के लिए भी और उन संगठनों के लिए भी, जिनका वे नेतृत्व करते हैं- क्योंकि नेतृत्व का पद व्यक्तिगत दोषों को बढ़ा देता है। यदि जीवन में आपके पास कोई नकारात्मक बोझ है, तो दूसरों का नेतृत्व करते समय उसे उठाए रखना और भी ज़्यादा मुश्किल हो जाता है।

असुरक्षित लीडर्स में कई अवगुण आम होते हैं :

1. वे दूसरों को सुरक्षा प्रदान नहीं कर पाते

एक पुरानी कहावत है, "जो आपके पास है ही नहीं, उसे आप नहीं दे सकते।" जिस तरह अयोग्य लोग दूसरों को योग्यता नहीं सिखा सकते, उसी तरह असुरक्षित लोग दूसरों को सुरक्षित महसूस नहीं करा सकते। प्रभावी लीडर बनने के लिए, जिसका दूसरे अनुसरण करना चाहें, किसी व्यक्ति को इस बात की ज़रूरत होती है कि वह अपने अनुयायियों को उनके ख़ुद के बारे में अच्छा महसूस कराए।

2. वे लोगों को जितना देते हैं, उससे ज़्यादा लेते हैं

असुरक्षित लोग मान्यता, श्रेय और प्रेम की लगातार तलाश करते रहते हैं। इस वजह से उनका मुख्य ध्यान दूसरों में सुरक्षा भाव भरने पर नहीं, बल्कि स्वयं सुरक्षा हासिल करने पर केंद्रित रहता है। वे देने के बजाय लेते रहते हैं और जैसा हम जानते हैं, लेने वाले लोग अच्छे लीडर्स नहीं बनते हैं।

3. वे लगातार अपने सर्वश्रेष्ठ लोगों को आगे बढ़ने से रोकते हैं

मुझे एक असुरक्षित लीडर दिखा दें और मैं आपको ऐसा इंसान दिखा दूँगा, जो अपने साथियों की जीत का सच्चा जश्न नहीं मना सकता। वह

उन्हें भविष्य में जीत हासिल करने से रोक भी सकता है। या वह अपनी टीम के सर्वश्रेष्ठ काम का श्रेय भी खुद ले सकता है। जैसा मैंने *द 21 इररिफ़्यूटेबल लॉज़ ऑफ़ लीडरशिप* में बताया है, केवल सुरक्षित लीडर्स ही दूसरों को शक्ति देते हैं। यह सशक्तिकरण का नियम है। दूसरी ओर, असुरक्षित लीडर शक्ति का संग्रह करता है। वास्तव में, उसके लोग जितने बेहतर होते हैं, वह उतना ही ज़्यादा जोखिम महसूस करता है— और वह उनकी सफलता तथा श्रेय को कम करने के लिए उतनी ही कड़ी मेहनत करता है।

4. वे लगातार संगठन को सीमित करते हैं

जब अनुयायियों को कमज़ोर किया जाता है और कोई श्रेय नहीं दिया जाता, तो वे हताश हो जाते हैं और अपनी क्षमता के अनुरूप प्रदर्शन करना छोड़ देते हैं। ऐसा होने पर पूरे संगठन को नुक़सान होता है।

इसके विपरीत, सुरक्षित लोग दूसरों में यक़ीन करने में समर्थ होते हैं, क्योंकि उन्हें खुद पर यक़ीन होता है। वे अहंकारी नहीं होते; वे अपनी शक्तियों और कमज़ोरियों को जानते हैं तथा उनका सम्मान करते हैं। जब उनके अधीनस्थ लोग अच्छा प्रदर्शन करते हैं, तो उन्हें जोखिम महसूस नहीं होता। वे पहल करके अपने सर्वश्रेष्ठ लोगों को एक साथ लाते हैं और उन्हें ऐसे अवसर देते हैं, ताकि वे अपने सर्वश्रेष्ठ स्तर पर प्रदर्शन कर सकें। जब किसी सुरक्षित लीडर की टीम सफलता हासिल करती है, तो इससे वह बहुत खुश होता है। वह इसे अपनी नेतृत्व योग्यता की सबसे बड़ी प्रशंसा के रूप में देखता है।

इस पर विचार करना

आप खुद को कितनी अच्छी तरह समझते हैं और अपना कितना सम्मान करते हैं? क्या आप अपनी शक्तियों को जानते हैं और उनके बारे में अच्छा महसूस करते हैं? क्या आपने अपनी कमज़ोरियों को पहचान लिया है और उन कमज़ोरियों को स्वीकार कर लिया है, जिन्हें आप बदल नहीं सकते? जब किसी व्यक्ति को यह अहसास हो जाता है कि उसके व्यक्तित्व का एक ख़ास प्रकार है और उसमें अनूठे गुण हैं, तो वह दूसरों

की शक्तियों और सफलताओं की क़द्र करने में ज़्यादा समर्थ होता है।

आप लीडर के रूप में कितने सुरक्षित हैं? जब आपके किसी अनुयायी के पास कोई बड़ी योजना होती है, तो आप इसका समर्थन करते हैं या दमन? क्या आप अपने अनुयायियों की उपलब्धियों का जश्न मनाते हैं? जब आपकी टीम सफल होती है, तो क्या आप इसके सदस्यों को श्रेय देते हैं? अगर नहीं, तो शायद आपमें असुरक्षा की भावना है, जो आपको, आपकी टीम और आपके संगठन को सीमित कर रही है।

इसे आत्मसात करना

अपनी सुरक्षा के अहसास को बढ़ाने के लिए निम्न कार्य करें :

* *ख़ुद को जानें।* यदि आप स्वाभाविक रूप से आत्म-जागरूक न हों, तो ख़ुद के बारे में जानने का समय निकालें। मायर्स-ब्रिग्स या फ़्लोरेंस लिटार के ईजाद किए हुए पर्सनैलिटी टेस्ट करवाएँ। जो लोग आपको अच्छी तरह जानते हैं, उनसे पूछें कि उनके हिसाब से आपके तीन सबसे बड़े गुण और तीन सबसे बड़ी कमज़ोरियाँ क्या हैं। उनके जवाब सुनते समय अपना बचाव न करें। जानकारी एकत्रित करें और उस पर विचार करें।

* *श्रेय दें।* अगर टीम के कामों के लिए उसे श्रेय न मिले और दूसरों को श्रेय दिया जाए, तो वह आगे से सफलता की दिशा में उतने विश्वास और उत्साह के साथ काम नहीं करेगी। इसे आज़माकर देखें। यदि आप दूसरों को सहयोग देते हैं और उनके योगदान के लिए श्रेय देते हैं, तो इससे उनके कैरियर में मदद मिलती है, उनका मनोबल बढ़ता है और पूरा संगठन बेहतर बनता है। और इससे आप भी प्रभावी लीडर के रूप में उभरते हैं।

* *बाहरी मदद लें।* यदि आप ख़ुद ही असुरक्षा की भावनाओं से नहीं उबर सकते, तो पेशेवर सहायता लें। किसी अच्छे परामर्शदाता की मदद से अपनी समस्याओं की तह तक जाएँ, न सिर्फ़ अपने लाभ के लिए, बल्कि अपने साथियों के लाभ के लिए भी।

दैनिक सबक़

फ़्रांसीसी उपन्यासकार बालज़ाक मानव स्वभाव के पैने प्रेक्षक थे और अपनी वृहद पुस्तक *द ह्यूमन कॉमेडी* में आधुनिक सभ्यता की पूरी तस्वीर खींचना चाहते थे। उन्होंने एक बार कहा था, "दूसरों के साथ अच्छे संबंध बनाने में सबसे बड़ी बाधा एक ही है : अपने साथ चैन से न रहना।" असुरक्षा को अपनी प्रगति में बाधक न बनने दें।

आत्म-अनुशासन :

आप जिस पहले व्यक्ति का नेतृत्व करते हैं, वह आप स्वयं हैं

ख़ुद पर विजय सर्वप्रथम और सर्वश्रेष्ठ जीत है।

- प्लेटो, दार्शनिक

चरित्र के बिना किसी मनुष्य को उसका स्वामी नहीं कहा जा सकता... वह तो हर उस चीज़ का ग़ुलाम बन जाता है, जो भी उसे जकड़ सकती है।

- जॉन फ़ॉस्टर, लेखक

पहाड़ी का राजा

शिखर तक का मार्ग कठिन होता है। बहुत कम लोग उस मुक़ाम पर पहुँच पाते हैं, जहाँ उन्हें अपने क्षेत्र के श्रेष्ठतम लोगों में गिना जाता है। और उससे भी कम लोगों को सर्वश्रेष्ठ माना जाता है- सार्वकालिक। लेकिन यही जेरी राइस की उपलब्धि है। उन्हें फ़ुटबॉल में वाइड रिसीवर के स्थान पर खेलने वाला सर्वश्रेष्ठ खिलाड़ी कहा जाता है। और उनके रिकार्ड्स इस बात की पुष्टि करते हैं।

जो लोग उन्हें अच्छी तरह जानते हैं, उनका कहना है कि वे एक नैसर्गिक खिलाड़ी हैं। शारीरिक दृष्टि से उनके पास कमाल की ईश्वर प्रदत्त नियामतें है। उनके पास वह सब कुछ है, जो कोई कोच एक रिसीवर में देखना चाहता है। हॉल ऑफ़ फ़ेम में शामिल फ़ुटबॉल कोच बिल वाल्श ने कहा था, "मैं नहीं सोचता कि शारीरिक दृष्टि से उनकी टक्कर का कोई दूसरा खिलाड़ी है।" लेकिन सिर्फ़ यही उनकी महानता का राज़ नहीं है। उनकी सफलता की असली कुंजी है उनका आत्म-अनुशासन। वे मेहनत करते हैं और तैयारी करते हैं- हर दिन, दिन भर- जो पेशेवर फ़ुटबॉल में कोई दूसरा नहीं करता है।

राइस ख़ुद पर कितना दबाव डालते हैं, इसका उदाहरण है पहाड़ियों को जीतने के उनके अनुभव। इस तरह का सबसे पहला अनुभव उन्हें हाई स्कूल में हुआ। हर अभ्यास के अंत में बी.एल. मूर हाई स्कूल के कोच चार्ल्स डेविस अपने खिलाड़ियों से चालीस गज़ की पहाड़ी पर बीस बार ऊपर-नीचे दौड़ लगाने को कहते थे। मिसिसिपी में एक बेहद गर्म और उमस भरे दिन को भी राइस यही काम कर रहे थे, लेकिन ग्यारह चक्कर लगाने के बाद उनका हौसला पस्त हो गया। जब वे बाक़ी लोगों को चकमा देकर चोरी छिपे लॉकर रूम की ओर बढ़े, तो उन्हें अहसास हुआ कि वे क्या करने जा रहे हैं। उन्होंने ख़ुद से कहा, "कभी मैदान मत छोड़ो, क्योंकि जब एक बार आप चकमा देने और छोड़ने की प्रक्रिया शुरू कर देते हैं, तो कुछ समय बाद आप उसे सही मानने लगते हैं।" वे दोबारा लौटे और उन्होंने पहाड़ी के बचे हुए चक्कर लगाए। इस घटना के बाद उन्होंने कभी मैदान नहीं छोड़ा।

पेशेवर खिलाड़ी के रूप में वे एक और पहाड़ी पर दौड़ लगाने के लिए मशहूर हो गए। कैलिफ़ोर्निया के सैन कार्लोस में पार्क की ढाई मील की ऊँची-नीची पगडंडी पर राइस हर दिन चढ़ने लगे। दूसरे शीर्ष खिलाड़ी भी इस पगडंडी पर उनके साथ बराबरी से चढ़ने की कोशिश करते हैं, लेकिन वे पीछे छूट जाते हैं और राइस के स्टैमिना से आश्चर्यचकित रह जाते हैं। लेकिन यह राइस की नियमित दिनचर्या का एक हिस्सा भर है। फ़ुटबॉल सीज़न ख़त्म होने पर जब बाक़ी खिलाड़ी मछली पकड़ रहे होते हैं या ख़ाली समय में फ़ुरसत से लेटे रहते हैं, तब भी राइस की सामान्य व्यायाम दिनचर्या सुबह 7 बजे से दोपहर तक चलती है। एक बार किसी ने मज़ाक किया था, "उसकी शारीरिक स्थिति इतनी अच्छी है कि वह जेमी ली कर्टिस को जेम्स अर्ल जोन्स जैसा दिखने पर मजबूर कर देता है।"

एनएफ़एल के कॉर्नरबैक केविन स्मिथ कहते हैं, "बहुत से लोग जेरी के बारे में यह नहीं समझते हैं कि उसके लिए फ़ुटबॉल बारह महीने का काम है। वह नैसर्गिक प्रतिभा का धनी है, लेकिन इसके बावजूद वह मेहनत करता है। यही वह बात है, जो अच्छे को महान से अलग करती है।"

राइस कुछ समय पहले अपने कैरियर में एक और पहाड़ी चढ़े; उन्होंने एक गंभीर चोट से उबरकर वापसी की। इससे पहले उन्होंने कभी फ़ुटबॉल के उन्नीस सीज़न्स में एक मैच भी नहीं छोड़ा था, जो उनकी अनुशासित कार्यनीति और दृढ़ता का प्रमाण है। जब 31 अगस्त 1997 को उनके घुटने में चोट आई, तो लोगों ने सोचा कि उस सीज़न में वे दोबारा नहीं खेल पाएँगे। इस तरह की चोट से केवल एक खिलाड़ी उबरकर उसी सीज़न में वापस लौटा था- रॉड वुडसन। उनका घुटना साढ़े चार महीने में ठीक हुआ था। राइस ने पूर्ण चरित्र बल, संकल्प और अविश्वसनीय आत्म-अनुशासन की बदौलत इसे साढ़े तीन महीने में ठीक कर लिया। लोगों ने इतनी आश्चर्यजनक घटना पहले कभी नहीं देखी थी और शायद दोबारा भी नहीं देख पाएँगे। अपनी टीम को जिताने में मदद करते हुए राइस अपने रिकॉर्ड्स की संख्या बढ़ाते जा रहे हैं और अपनी प्रतिष्ठा भी।

विस्तृत विवरण

जेरी राइस आत्म-अनुशासन की शक्ति की आदर्श मिसाल हैं। इसके बिना कोई भी सफलता हासिल नहीं कर सकता और उसे क़ायम नहीं रख सकता। चाहे लीडर कितना भी प्रतिभाशाली हो, आत्म-अनुशासन के इस्तेमाल के बिना उसकी प्रतिभा चरम संभावना तक नहीं पहुँच सकती। आत्म-अनुशासन की बदौलत लीडर सर्वोच्च स्तर तक पहुँचने की स्थिति में आ जाता है और यही स्थायी रूप से क़ायम रहने वाले नेतृत्व की कुंजी है।

यदि आप आत्म-अनुशासित लीडर बनना चाहते हैं, तो निम्न कार्य बिंदुओं पर अमल करें :

1. अपनी प्राथमिकताएँ विकसित करें और उन पर अमल करें

अगर आप आवश्यक काम तभी करना चाहें, जब आपका उसे करने का मूड हो या जब उसे करना सुविधाजनक हो, तो आप कभी सफल नहीं हो पाएँगे। न ही लोग आपका सम्मान और अनुसरण करेंगे। किसी ने एक बार कहा था, "महत्त्वपूर्ण काम करने के लिए दो चीज़ें ज़रूरी हैं : एक है योजना और दूसरी, पर्याप्त समय न होना।" लीडर के रूप में आपके पास पहले से ही बहुत कम समय है। आपको तो बस एक योजना की ज़रूरत है। यदि आप सचमुच अपनी प्राथमिकता तय कर सकें और बाक़ी हर चीज़ से मुक्त रह सकें, तो वाक़ई महत्त्वपूर्ण चीज़ पर काम करना ज़्यादा आसान हो जाता है। यही आत्म-अनुशासन का सार है।

2. अनुशासित जीवनशैली का लक्ष्य बनाएँ

जेरी राइस जैसे किसी भी बेहद अनुशासित व्यक्ति के बारे में पढ़कर आपको यह अहसास होना चाहिए कि सफल होने के लिए आत्म-अनुशासन केवल एक बार का मामला नहीं हो सकता। इसे तो आपको अपनी जीवनशैली में शामिल करना पड़ता है।

इसका एक बहुत अच्छा तरीक़ा है सिस्टम और दिनचर्या बनाना, ख़ास तौर पर उन क्षेत्रों में, जो आपके दीर्घकालीन विकास और सफलता के लिए अनिवार्य हैं। मिसाल के तौर पर, चूँकि मैं लगातार लिखता और

भाषण देता हूँ, इसलिए मैं हर दिन भावी उपयोग के लिए सामग्री पढ़ता और फ़ाइल करता हूँ। दिसंबर 1998 में हार्ट अटैक होने के बाद से मैं हर सुबह व्यायाम करता हूँ। यह कोई ऐसी चीज़ नहीं है, जिसे मैं केवल एक महीने या मौसम में करूँगा। इसे तो मैं जीवन भर हर दिन करूँगा।

3. अपने बहानों को चुनौती दें

अनुशासन की जीवनशैली विकसित करने के लिए आपका पहला काम यह है कि आप बहाने बनाने की किसी भी प्रवृत्ति को चुनौती दें और उसे ख़त्म कर दें। जैसा फ़्रांसीसी लेखक फ़्रांस्वाँ ला रूशफ़ूको ने कहा है, "हमारे लगभग सभी दोष उन्हें छिपाने के लिए सोची गई विधियों के मुक़ाबले ज़्यादा क्षम्य हैं।" यदि आत्म-अनुशासित न हो पाने के लिए आपके पास बहुत से कारण मौजूद हैं, तो यह जान लें कि वे दरअसल बहानों का पुलिंदा हैं- जिन्हें चुनौती देकर ही आप लीडर के रूप में अगले स्तर पर पहुँच सकते हैं।

4. काम पूरा होने तक पुरस्कार हटा दें

लेखक माइक डेलेनी ने बुद्धिमत्तापूर्वक कहा था, "जो कंपनी या उद्योग आलसी और मेहनती लोगों को समान पुरस्कार देता है, वह देर-सवेर पाएगा कि आलसियों के मुक़ाबले मेहनती लोगों की संख्या कम हो गई है।" अगर आपमें आत्म-अनुशासन की कमी है, तो शायद आपमें सब्ज़ियाँ खाने से पहले मिठाई खाने की आदत है।

एक कहानी पुरस्कार रोक लेने की शक्ति बयान करती है। एक वृद्ध दंपति कुछ दिनों के लिए एक कैंपग्राउंड पर ठहरा हुआ था। उसने देखा कि एक परिवार पास वाली जगह पर डेरा डालने आया। गाड़ी रुकते ही पति-पत्नी और उनके तीनों बच्चे दौड़कर बाहर निकले। एक बच्चे ने जल्दी से आइस चेस्ट्स, बैग्स और अन्य सामान उतारा, जबकि बाक़ी दोनों ने फटाफट टेंट लगा दिया। साइट पंद्रह मिनट में ही पूरी तरह तैयार हो गई।

वृद्ध पति-पत्नी यह देखकर बड़े हैरान थे। बूढ़े आदमी ने उन बच्चों के पिता से प्रशंसा भरे स्वर में कहा, "आप लोग मिलकर बेहतरीन काम करते हैं।"

पिता ने जवाब दिया, "इसके लिए तो बस सिस्टम की ज़रूरत होती है। जब तक कैंप तैयार नहीं हो जाता, तब तक कोई भी बाथरूम नहीं जा सकता है।"

5. परिणाम पर केंद्रित बने रहें

जब भी आप किसी काम के परिणाम या पुरस्कार के बजाय काम की मुश्किलों पर ध्यान केंद्रित करते हैं, तो आपके हताश होने की संभावना रहती है। बहुत ज़्यादा समय तक यह करेंगे, तो आप आत्म-अनुशासन के बजाय आत्म-दया विकसित कर लेंगे। अगली बार जब भी आपके सामने कोई अनिवार्य काम हो और आप क़ीमत चुकाने के बजाय आरामदेह काम करने के बारे में सोच रहे हों, तो अपने ध्यान के केंद्र को बदल लें। जो सही है, उसे करने के लाभ गिनें और फिर कूद पड़ें।

इस पर विचार करना

लेखक एच. जैक्सन ब्राउन जूनियर ने कहा था, "अनुशासन के बिना प्रतिभा रोलर स्केट्स पर सवार ऑक्टोपस की तरह है। गतिविधि तो बहुत है, लेकिन आपको यह कभी पता नहीं चल पाता कि यह आगे होने वाली है या पीछे या तिरछे।" अगर आप जानते हैं कि आपमें प्रतिभा है और आपने बहुत से काम किए हैं– लेकिन ठोस परिणाम बहुत कम मिले हैं– तो आपमें आत्म-अनुशासन की कमी हो सकती है।

पिछले सप्ताह के शेड्यूल पर नज़र डालें। आप अपना कितना समय नियमित और अनुशासित गतिविधियों में लगाते हैं? क्या आपने अपना विकास करने और अपने पेशे में बेहतर बनने के लिए कुछ किया? क्या आपने स्वास्थ्य को बेहतर बनाने वाले काम किए? क्या आपने अपनी आमदनी के एक निश्चित हिस्से को बचत या निवेश में लगाया? अगर आप ये चीज़ें टाल रहे हैं और खुद से कह रहे हैं कि आप उन्हें बाद में कर लेंगे, तो संभवतः आपको अपने आत्म-अनुशासन पर मेहनत करने की ज़रूरत है।

इसे आत्मसात करना

अपने आत्म-अनुशासन को बेहतर बनाने के लिए निम्न कार्य करें :

* *अपनी प्राथमिकताएँ तय करें।* जीवन के उन दो-तीन क्षेत्रों के बारे में सोचें, जो आपके लिए सबसे महत्वपूर्ण हैं। उन्हें लिख लें और साथ ही उन अनुशासनों को भी लिख लें, जो उन क्षेत्रों में विकास करने और बेहतर बनने के लिए ज़रूरी हैं। इन अनुशासनों को अपने जीवन का दैनिक या साप्ताहिक हिस्सा बनाने की योजना तैयार करें।

* *कारणों की सूची बनाएँ।* आपने जिन अनुशासनों की सूची बनाई है, उनका अभ्यास करने के लाभ लिख लें। फिर लाभों की वह सूची किसी ऐसी जगह पर लगा लें, जहाँ आप उसे हर दिन देख सकें। जिन दिनों आपका उन पर अमल करने का मन न हो, अपनी सूची को दोबारा पढ़ लें।

* *बहानों को त्याग दें।* आप अपने अनुशासनों पर अमल क्यों नहीं कर सकते, वह हर कारण लिख लें। उन्हें पढ़कर उन्हें बहानों की श्रेणी में रखें और ठुकरा दें। यदि कोई कारण वैध दिखता हो, तो उससे उबरने का समाधान खोजें। ख़ुद पर ज़रा भी रहम न करें और एक भी कारण न छोड़ें। याद रखें, केवल अनुशासन के पल में ही आपमें अपने सपनों को हासिल करने की शक्ति होती है।

दैनिक सबक़

कनाडा की एक नर्सरी की दीवार पर यह साइनबोर्ड लगा है : "पौधे लगाने का सबसे अच्छा समय पच्चीस साल पहले था... दूसरा सबसे अच्छा समय आज है।" आज ही अपने जीवन में आत्म-अनुशासन का पौधा लगा दें।

सेवा भाव :

आगे पहुँचने के लिए दूसरों को पहले स्थान पर रखें

सच्चा लीडर सेवा करता है। लोगों की सेवा। उनके सर्वश्रेष्ठ हितों की सेवा। ऐसा करके वह हमेशा लोकप्रिय नहीं हो जाता, हमेशा प्रभावित नहीं कर पाता। लेकिन चूँकि सच्चे लीडर्स व्यक्तिगत प्रशंसा की इच्छा के बजाय प्रेमपूर्ण परवाह की भावना से प्रेरित होते हैं, इसलिए वे क़ीमत चुकाने के लिए तैयार रहते हैं।

– यूजीन बी. हेबेकर, लेखक

आपको अपने पद और प्रतिष्ठा के बजाय अपने अधीनस्थों से ज़्यादा प्रेम करना चाहिए।

– जॉन सी. मैक्सवेल

ढुलमुल ज़मीन पर

अमेरिका के लोग सेना के जनरल एच. नॉर्मन श्वार्ज़कोप्फ़ से कुछ समय पहले ही परिचित हुए। उन्होंने खाड़ी युद्ध में मित्र देशों की सेना का नेतृत्व करते हुए बेहद सफल नेतृत्व क्षमता का प्रदर्शन किया। इस तरह का प्रदर्शन उन्होंने अपने पूरे कैरियर में किया है- वेस्ट पॉइंट के शुरुआती दिनों से।

द 21 इररिफ़्यूटेबल लॉज़ ऑफ़ लीडरशिप में मैंने लिखा था कि वियतनाम में उन्होंने एक बेतरतीब बटालियन का कायाकल्प कैसे किया। छठी इनफ़ैंट्री की पहली बटालियन- जिसे "छठी इनफ़ैंट्री की सबसे बुरी टुकड़ी" कहा जाता था- हँसी-मज़ाक का पात्र थी, लेकिन कुछ ही समय में यह प्रभावी जुझारू शक्ति बन गई और इसे बहुत मुश्किल अभियान सौंप दिया गया। श्वार्ज़कोप्फ़ ने बताया कि यह काम बैटेंगन पेनिन्सुला नामक "भयंकर, बुरी जगह" पर पूरा करना था। इस इलाक़े को लेकर तीस वर्षों से लड़ाई हो रही थी। यहाँ सुरंग बमों और छिपी हुई बारूदी सुरंगों की भरमार थी, जिनसे हर सप्ताह बहुत से सैनिक मर जाते थे।

श्वार्ज़कोप्फ़ ने इस बुरी स्थिति को सुधारने के लिए तत्काल क़दम उठाए। उन्होंने ऐसे उपाय किए, ताकि मौतें बहुत कम हों और जब भी किसी बारूदी सुरंग के कारण कोई सैनिक घायल होता था, तो वे हेलिकॉप्टर में उसकी जाँच करने पहुँच जाते थे, अपने हेलिकॉप्टर में उसे अस्पताल पहुँचाते थे और दूसरे सैनिकों का मनोबल बढ़ाने के लिए उनसे बातचीत करते थे।

28 मई 1970 को एक सैनिक एक बारूदी सुरंग फटने से घायल हो गया और श्वार्ज़कोप्फ़ तुरंत अपने हेलिकॉप्टर में उड़ान भरकर उसके पास पहुँच गए। जब घायल सैनिक को हेलिकॉप्टर में ले जाया जा रहा था, तभी दूसरे सैनिक का पैर भी एक सुरंग पर पड़ गया और वह गंभीर रूप से घायल हो गया। वह सैनिक ज़मीन पर चीख़ते-चिल्लाते हुए तड़पने लगा। तब जाकर हर एक को अहसास हुआ कि पहली बारूदी सुरंग ही एकमात्र छिपी सुरंग नहीं थी। वे जिस मैदान पर खड़े हुए थे, उस पूरे मैदान के नीचे बम ही बम बिछे पड़े थे।

श्वार्ज़कोप्फ़ का मानना था कि घायल सैनिक के प्राण बच सकते हैं और उसका पैर भी- लेकिन तभी, जब वह ज़मीन पर तड़पते हुए इधर-उधर लोट लगाना छोड़ दे। इसके लिए वे एक ही चीज़ कर सकते थे। उन्हें उस सैनिक के पास पहुँचकर उसे स्थिर करना था। श्वार्ज़कोप्फ़ ने लिखा है,

मैं बारूदी सुरंगों से अटे पड़े मैदान पर चलने लगा। मैं ज़मीन को घूरता जा रहा था और धीरे-धीरे एक बार में एक-एक क़दम रख रहा था। मैं मिट्टी के उभारों या छोटे काँटों को देखकर क़दम रख रहा था। मेरे घुटने इतनी तेज़ी से काँप रहे थे कि एक क़दम उठाने के बाद मुझे अपना पैर पकड़ना पड़ता था और उसे दोनों हाथों से स्थिर करना पड़ता था, तभी मैं दूसरा क़दम उठा सकता था... ऐसा लग रहा था, जैसे उस सैनिक तक पहुँचने में मुझे हज़ार साल का समय लग गया।

240 पौंड के श्वार्ज़कोप्फ़ पहले वेस्ट पॉइंट में एक मल्ल-योद्धा थे और घायल सैनिक के पास पहुँचकर उन्होंने उसे दबोचकर स्थिर कर दिया। इससे उसकी जान बच गई। एक इंजीनियर टीम की मदद से श्वार्ज़कोप्फ़ ने उसे और बाक़ी लोगों को उस ख़तरनाक मैदान से बाहर निकाल लिया।

उस दिन श्वार्ज़कोप्फ़ ने जिस गुण का प्रदर्शन किया, उसे वीरता, साहस या मूर्खता भी कहा जा सकता है। लेकिन मेरे ख़्याल से इसे सेवा कहना सबसे अच्छा रहेगा। मई के उस दिन वे संकट में फँसे सैनिक की सेवा करने पर ही लीडर के रूप में प्रभावी रह सकते थे।

विस्तृत विवरण

सेवा को क्या आप एक ऐसी गतिविधि मानते हैं, जो तुलनात्मक रूप से कम योग्यता वाले लोग सबसे निचले पदों पर रहते हुए करते हैं? अगर आप ऐसा सोचते हैं, तो आपकी सोच सरासर ग़लत है। सेवा भाव पद या योग्यता का मामला नहीं है। यह तो नज़रिए का मामला है। निस्संदेह आप सेवा के पदों पर काम करने वाले ऐसे लोगों से मिले होंगे, जिनका

सेवा भाव के प्रति ख़राब नज़रिया रहता है : वह शासकीय कर्मचारी जो बदतमीज़ी करता है, वह वेटर जो आपका ऑर्डर लेने के झमेले में नहीं पड़ना चाहता, वह स्टोर क्लर्क जो आपकी मदद करने के बजाय किसी मित्र से फ़ोन पर बातें करता रहता है।

जिस तरह आपको यह अहसास हो जाता है कि कब कोई कर्मचारी लोगों की मदद नहीं करना चाहता, उसी तरह आपको यह भी आसानी से पता लग जाता है कि किसी लीडर में सेवक का हृदय है या नहीं। और सच्चाई यह है कि सर्वश्रेष्ठ लीडर्स के मन में अपनी नहीं, दूसरों की सेवा करने की इच्छा रहती है।

सेवा भाव के गुण को समाहित करने का क्या मतलब है ? सच्चा सेवाभावी लीडर :

1. दूसरों को अपने हितों से ऊपर रखता है

सेवा भाव की पहली निशानी दूसरों को स्वयं से और अपनी व्यक्तिगत इच्छाओं से ऊपर रखने का गुण है। इसका मतलब अपने हितों को कुछ समय के लिए स्थगित करना ही नहीं है। इसका मतलब तो इरादतन अपने लोगों की आवश्यकताओं के प्रति जागरूक रहना है, उनकी मदद करने के लिए उपलब्ध रहना है और उनकी इच्छाओं को महत्त्व देना है।

2. आत्मविश्वासी और सुरक्षित महसूस करता है

सेवा भाव की जड़ है सुरक्षा। मुझे ऐसा व्यक्ति दिखा दें, जो ख़ुद को इतना महत्त्वपूर्ण मानता हो कि वह सेवा नहीं कर सकता, और मैं आपको ऐसा व्यक्ति दिखा दूँगा, जो मूलतः असुरक्षित है। हम दूसरों के साथ कैसा व्यवहार करते हैं, वह दरअसल इस बात का प्रतिबिंब होता है कि हम अपने बारे में कैसा सोचते हैं। दार्शनिक-कवि एरिक हॉफ़र ने इस विचार को इस तरह व्यक्त किया है :

उल्लेखनीय बात यह है कि हम वाक़ई अपने पड़ोसी से अपने जितना ही प्रेम करते हैं; हम दूसरों के साथ वैसा ही करते हैं, जैसा अपने साथ करते हैं। जब हम ख़ुद से नफ़रत करते हैं, तो

हम दूसरों से भी नफ़रत करते हैं। जब हम ख़ुद के प्रति सहनशील होते हैं, तो हम दूसरों के प्रति भी सहनशील होते हैं। जब हम ख़ुद को क्षमा करते हैं, तभी हम दूसरों को भी क्षमा करते हैं। स्वयं के प्रति प्रेम नहीं, बल्कि स्वयं के प्रति नफ़रत ही उन समस्याओं की जड़ में है, जो हमारे संसार को सताती हैं।

सशक्तिकरण का नियम कहता है कि केवल सुरक्षित लीडर्स ही दूसरों को शक्ति दे सकते हैं। यह भी सच है कि केवल सुरक्षित लीडर्स ही सेवा भाव का प्रदर्शन कर सकते हैं।

3. दूसरों की सेवा की पहल करता है

मजबूरी में तो कोई भी सेवा कर लेगा। संकट में तो कोई भी सेवा कर लेगा। लेकिन सेवाभाव की असली निशानी यह है कि व्यक्ति स्वेच्छा से दूसरों की सेवा की पहल करे। महान लीडर्स किसी आवश्यकता को भाँपते हैं, अवसर को गँवाते नहीं हैं और बदले में किसी प्रतिदान की अपेक्षा के बिना सेवा करते हैं।

4. पद के बारे में नहीं सोचता

सेवाभावी लीडर पद या ओहदे पर ध्यान केंद्रित नहीं करता। जब कर्नल नॉर्मन श्वार्ज़कोफ़ बमों से भरे उस मैदान पर क़दम बढ़ा रहे थे, तब उनके मन में पद या ओहदे का कोई विचार नहीं था। वे तो बस एक इंसान थे, जो दूसरे इंसान की मदद करने की कोशिश कर रहे थे। लीडर होने के कारण उन पर सेवा करने की ज़्यादा ज़िम्मेदारी थी।

5. प्रेम के कारण सेवा करता है

सेवाभाव चालाकी या आत्म-प्रचार से प्रेरित नहीं होता। यह तो प्रेम से प्रेरित होता है। आपके प्रभाव का विस्तार इस बात पर निर्भर करता है कि दूसरों के प्रति आपकी परवाह कितनी गहरी है। इसीलिए सेवा करने की इच्छा लीडर्स के लिए इतना महत्वपूर्ण गुण है।

इस पर विचार करना

जब दूसरों की सेवा करने की बात आती है, तो आपका हृदय कहाँ होता है ? क्या आप धन और अन्य लाभों के लिए लीडर बनना चाहते हैं ? या आप औरों की मदद करने की इच्छा से प्रेरित होते हैं ?

अगर आप सचमुच उस प्रकार के लीडर बनना चाहते हैं, जिसका लोग अनुसरण करना चाहें, तो आपको सेवा भाव रखना होगा। अगर आपका नज़रिया सेवा करने के बजाय सेवा लेने का है, तो शायद आप परेशानी की ओर बढ़ रहे हैं। यदि आपके जीवन में यह समस्या है, तो इस सलाह पर ग़ौर करें :

लोगों पर हुकूमत करना छोड़ें और उनकी बात सुनना शुरू करें।

तरक़्क़ी के लिए नाटक करना छोड़ें और दूसरों के लाभ के लिए जोखिम उठाना शुरू करें।

अपनी खुद की राह खोजना छोड़ें और दूसरों की सेवा करना शुरू करें।

सच तो यह है कि महान बनने की इच्छा रखने वाले लोगों को सबका सेवक बनने के इरादे से काम करना चाहिए।

इसे आत्मसात करना

अपने सेवा भाव को बढ़ाने के लिए निम्न कार्य करें :

* *छोटे-छोटे काम करें।* आपने दूसरों के लिए दयालुता के छोटे-छोटे कार्य आख़िरी बार कब किए थे ? अपने सबसे क़रीबी लोगों- अपने जीवनसाथी, बच्चों, माता-पिता- से शुरुआत करें। आज ही ऐसी छोटी चीज़ें करने के तरीक़े खोजें, जिनसे दूसरों को यह दिख जाए कि आप उनकी परवाह करते हैं।

* *भीड़ में धीरे-धीरे चलना सीखें।* एक युवा लीडर के रूप में मैंने अपने पिता से एक बड़ा सबक़ सीखा। मैं इसे भीड़ में धीरे-धीरे चलना

कहता हूँ। अगली बार जब आप किसी कार्यक्रम में जाएँ, जिसमें बहुत से ग्राहक, सहकर्मी या नियोक्ता हों, तो हर तरफ़ चहलक़दमी करते हुए लोगों से बातचीत करके उनसे जुड़ने का लक्ष्य रखें। आप जिस भी व्यक्ति से मिलें, उस पर ध्यान केंद्रित करें। अगर आपको उसका नाम पहले से मालूम नहीं है, तो पता कर लें। हर व्यक्ति की आवश्यकताओं, अभावों और इच्छाओं को जानने का लक्ष्य रखें। घर लौटने के बाद उनमें से आधा दर्जन लोगों के लिए कोई लाभकारी काम करने का लक्ष्य बनाएँ।

* *कर्म में जुटें।* यदि आपमें सेवा का नज़रिया नहीं है, तो इस स्थिति को बदलने का सबसे अच्छा तरीक़ा सेवा शुरू करना है। शरीर से सेवा शुरू करेंगे, तो अंततः हृदय भी इसमें शामिल हो जाएगा। अपने धर्मस्थल, सामुदायिक संस्था या स्वयंसेवी संगठन में अपना नाम लिखा दें कि आप छह महीनों तक दूसरों की सेवा करेंगे। यदि इस अवधि के बाद भी आपका नज़रिया बेहतर न हो, तो छह महीनों तक दोबारा यही करें। ऐसा तब तक करते रहें, जब तक कि आपका हृदय-परिवर्तन न हो जाए।

दैनिक सबक़

अल्बर्ट श्वेट्ज़र ने बुद्धिमत्ता से कहा था, "मैं नहीं जानता कि आपकी तक़दीर क्या होगी, लेकिन मैं एक चीज़ जानता हूँ : आपमें से जो लोग सचमुच खुश होंगे, वे वही होंगे, जिन्होंने यह पता लगा लिया है कि सेवा कैसे की जाती है।" यदि आप सर्वोच्च स्तर पर नेतृत्व करना चाहते हैं, तो सबसे निचले स्तर के व्यक्ति की सेवा करने के लिए तैयार रहें।

सीखने की योग्यता :
नेतृत्व करने के लिए सीखते रहें

यह मान लें कि सुनने और पढ़ने में बिताया गया समय बोलने वाले पलों से लगभग दस गुना अधिक मूल्यवान होता है। इससे आपको यह यक़ीन हो जाएगा कि आप सीखने और आत्म-सुधार के मार्ग पर निरंतर अग्रसर हैं।

– जेराल्ड मैक्गिनिस,
रेस्पिरोनिक्स, इंक. के प्रेसिडेंट और सीईओ

सब कुछ मालूम होने के बाद आप जो सीखते हैं, वही मायने रखता है।

– जॉन वुडन, हॉल ऑफ़ फ़ेम बास्केटबॉल कोच

राहगीर के वेश में छिपी सफलता

यदि आप छोटी मूँछ वाले किसी नाटे आदमी को हाथ में छड़ी पकड़े हुए और बैगी पेंट, बड़े जूतों और डर्बी हैट में देखें, तो आप तुरंत जान जाते हैं कि यह चार्ली चैपलिन है। लगभग हर व्यक्ति उन्हें पहचानता है। 1910 और 1920 के दशक में वे इस पृथ्वी के सबसे मशहूर और पहचाने जाने वाले व्यक्ति थे। यदि हम आज की मशहूर हस्तियों को देखें, तो लोकप्रियता के संदर्भ में चैपलिन की श्रेणी में शायद एक ही व्यक्ति का नाम आ सकता है- माइकल जॉर्डन। और इन दोनों में से ज़्यादा बड़ा सितारा कौन है, यह आकलन करने के लिए हमें 75 साल बाद तक इंतज़ार करना होगा, ताकि यह पता लग सके कि हर व्यक्ति माइकल को कितनी अच्छी तरह याद रखता है।

जब चैपलिन पैदा हुए थे, तो कोई भी उनकी इतनी ज़बर्दस्त शोहरत की भविष्यवाणी नहीं कर सकता था। वे अँग्रेज़ मंचीय कलाकारों के घर पर ग़रीबी में जन्मे थे। जब चैपलिन की माँ को पागलख़ाने में भर्ती किया गया, तो वे छोटी उम्र में ही सड़क पर आ गए। कुछ वर्षों तक अनाथालयों में रहने के बाद उन्होंने जीवन-यापन के लिए मंच पर काम शुरू कर दिया। सत्रह साल की उम्र में वे एक अनुभवी कलाकार बन गए। 1914 में जब उनकी उम्र लगभग पच्चीस साल थी, तब वे हॉलीवुड के कीस्टोन स्टूडियोज़ में मैक सेनेट के लिए काम करके हर सप्ताह 150 डॉलर कमा रहे थे। फ़िल्म व्यवसाय के उस पहले साल उन्होंने अभिनेता, लेखक और निर्देशक के रूप में पैंतीस फ़िल्मों में काम किया। हर एक ने उनकी प्रतिभा को तत्काल पहचान लिया और उनकी लोकप्रियता बढ़ती चली गई। एक साल बाद वे हर सप्ताह 1,250 डॉलर कमा रहे थे। फिर 1918 में उन्होंने एक ऐसा काम किया, जो किसी ने सुना ही नहीं था। उन्होंने मनोरंजन उद्योग में 10 लाख डॉलर का पहला अनुबंध साइन किया। वे अमीर थे; वे मशहूर थे; और वे विश्व के सबसे असरदार फ़िल्म-निर्माता थे- और यह सब उन्होंने 29 साल की परिपक्व उम्र में ही हासिल कर लिया था।

चैपलिन सफल इसलिए हुए, क्योंकि उनमें महान प्रतिभा और अद्भुत कर्मशक्ति थी। लेकिन सीखने की योग्यता का योगदान भी कम

नहीं था, क्योंकि इसी ने उनके इन गुणों को ईंधन देने का काम किया था। वे लगातार विकास करने, सीखने और अपने हुनर को परिपूर्ण बनाने की कोशिश करते थे। हालाँकि वे संसार के सबसे लोकप्रिय और सर्वाधिक पारिश्रमिक पाने वाले कलाकार थे, लेकिन वे यथास्थिति से कभी संतुष्ट नहीं हुए।

चैपलिन ने एक साक्षात्कार में बेहतर बनने की अपनी इच्छा के बारे में बताया था :

जब मैं दर्शकों के बीच बैठकर अपनी कोई फ़िल्म देखता हूँ, तो ऐसे मौक़े पर मैं हमेशा इस बात पर ख़ास ग़ौर करता हूँ कि वे कहाँ नहीं हँसते हैं। मिसाल के तौर पर, अगर ज़्यादातर दर्शक किसी ऐसे स्टंट पर नहीं हँसते हैं, जिसे मैं मज़ेदार बनाना चाहता था, तो मैं तत्काल उस स्टंट का छिद्रान्वेषण करके यह पता लगाने की कोशिश करता हूँ कि उस विचार में या उसके क्रियान्वयन में कहाँ ग़लती हुई थी। अगर मैं किसी ऐसी चीज़ पर हल्की सी भी हँसी सुनता हूँ, जिसे मैं मज़ेदार नहीं बनाना चाहता था, तो मैं ख़ुद से पूछता हूँ कि उस ख़ास जगह पर लोगों को हँसी क्यों आई।

विकास करने की इच्छा से वे आर्थिक दृष्टि से सफल हुए और इससे हर काम में उनकी उत्कृष्टता भी बढ़ी। उन शुरुआती दिनों में चैपलिन की अदाकारी को बेहतरीन मनोरंजन माना जाता था। समय गुज़रने के साथ उन्हें हास्य-कला की अद्वितीय प्रतिभा माना गया। आज उनकी कई फ़िल्मों को मास्टरपीस माना जाता है और उन्हें सार्वकालिक महानतम फ़िल्मकारों में गिना जाता है। स्क्रीनराइटर और फ़िल्म आलोचक जेम्स एगी ने लिखा है, "चैपलिन के अभिनय में सबसे अच्छा मूक अभिनय, सबसे गहरे भाव, सबसे समृद्ध और सबसे मर्मस्पर्शी कविता थी।"

यदि सफल होने के बाद चैपलिन ने सीखने की आदत के बजाय अहंकारी आत्म-संतुष्टि का भाव रखा होता, तो उनका नाम मूक फ़िल्मों के सितारों फ़ोर्ड स्टर्लिंग या बेन टर्पिन के साथ ही होता, जिन्हें हम आज लगभग भुला चुके हैं। लेकिन चैपलिन अभिनेता, डायरेक्टर और अंततः फ़िल्म एक्ज़ीक्यूटिव के रूप में लगातार सीखते और विकास करते रहे।

जब उन्होंने अनुभव से सीखा कि फ़िल्मकार स्टूडियोज़ और डिस्ट्रिब्यूटर्स के रहमोकरम पर हैं, तो उन्होंने डगलस फ़्रेयरबैंक्स, मैरी पिकफ़ोर्ड और डी. डब्ल्यू. ग्रिफ़िथ के साथ मिलकर अपनी खुद की युनाइटेड आर्टिस्ट्स कंपनी शुरू की। यह फ़िल्म कंपनी आज भी व्यवसाय कर रही है।

विस्तृत विवरण

लीडर्स के सामने *यथास्थिति से संतुष्ट हो जाने* का ख़तरा हमेशा मौजूद रहता है। देखिए, अगर किसी लीडर के पास पहले से ही अपना प्रभाव है और वह किसी सम्मानजनक स्तर पर पहुँच चुका है, तो वह आगे विकास क्यों करे ? जवाब सरल है :

आपके विकास से ही यह तय होता है कि आप कौन हैं।

आप जो हैं, उसी से यह तय होता है कि आप किसे आकर्षित करते हैं।

आप किसे आकर्षित करते हैं, उसी से आपके संगठन की सफलता तय होती है।

यदि आप अपने संगठन का विकास करना चाहते हैं, तो आपको अपनी सीखने की योग्यता बनाए रखनी होगी।

सीखने का नज़रिया विकसित करने और क़ायम रखने के लिए मैं आपको पाँच दिशानिर्देश देना चाहता हूँ :

1. अपने लक्ष्य संबंधी रोग का इलाज करें

विसंगति यह है कि सीखने की अयोग्यता की जड़ प्रायः उपलब्धि में छिपी होती है। कई लोग ग़लती से यह मान लेते हैं कि किसी ख़ास लक्ष्य को हासिल करने के बाद उन्हें विकास करने की कोई ज़रूरत नहीं है। यह लगभग किसी भी व्यक्ति और किसी भी लक्ष्य के साथ हो सकता है : डिग्री हासिल करना, किसी वांछित पद पर पहुँचना, कोई ख़ास पुरस्कार हासिल करना या आर्थिक लक्ष्य हासिल करना।

लेकिन प्रभावी लीडर्स इस दृष्टिकोण पर नहीं चल सकते। वे जिस दिन विकास करना छोड़ देते हैं, उसी दिन वे अपनी- और अपने संगठन की- संभावना को गिरवी रख देते हैं। रे क्रॉक के शब्दों को याद रखें : "जब तक आप हरे हैं, तब तक आप विकास कर रहे हैं। जैसे ही आप पक जाते हैं, आप सड़ने लगते हैं।"

2. अपनी सफलता से उबरें

सीखने की योग्यता की एक और विसंगति यह है कि प्रायः सफलता इसे अवरुद्ध कर देती है। प्रभावी लीडर्स जानते हैं कि जो चीज़ उन्हें वहाँ तक लाई है, वह उन्हें वहाँ बनाए नहीं रखेगी। यदि आप अतीत में सफल हो चुके हैं, तो सावधान रहें। और इस बात पर विचार करें : अगर आपने कल जो किया था, वह आपको आज भी बड़ा दिखता है, तो आपने आज ज़्यादा कुछ नहीं किया है।

3. शॉर्टकट्स से बचने की क़सम खाएँ

मेरी मित्र नैन्सी डोरनैन कहती हैं, "शॉर्टकट दो बिंदुओं के बीच की सबसे लंबी दूरी है।" यह वाक़ई सच है। जीवन में हर महत्त्वपूर्ण चीज़ के लिए एक क़ीमत चुकानी पड़ती है। जब आप किसी ख़ास क्षेत्र में विकास करने की इच्छा रखें, तो यह पता लगाएँ कि इसमें दरअसल कितनी क़ीमत चुकाने की ज़रूरत है और फिर उसे चुकाने का संकल्प करें।

4. अपने अहंकार को शिथिल करें

सीखने की योग्यता के लिए यह स्वीकार करने की ज़रूरत होती है कि हमें हर चीज़ मालूम नहीं है। हमें लगता है कि इससे लोगों के सामने हमारी बुरी छवि बनेगी। इसके अलावा, नई चीज़ करने में हमसे ग़लतियाँ भी होंगी। लेकिन जैसा लेखक और विशेषज्ञ शिल्पी अल्बर्ट हबार्ड ने कहा था, "जीवन में मनुष्य जो सबसे बड़ी ग़लती कर सकता है, वह इस बात से लगातार डरता है कि उससे ग़लती हो जाएगी।" आपके मन में अहंकार और सीखने की इच्छा एक साथ नहीं रह सकते। इमर्सन ने लिखा था, "आप जो भी चीज़ हासिल करते हैं, उसके लिए कुछ खोते

हैं।" विकास को हासिल करने के लिए अपने अहंकार को छोड़ दें।

5. एक ही ग़लती की दोबारा क़ीमत कभी न चुकाएँ

टेडी रूज़वेल्ट ने कहा था, "जो कोई ग़लती नहीं करता, वह कोई प्रगति भी नहीं करता।" यह सच है। लेकिन दूसरी ओर यह भी सच है कि जो लीडर वही ग़लतियाँ बार-बार करता रहता है, वह भी प्रगति नहीं करता। लीडर के रूप में सीखते समय आपसे ग़लतियाँ होंगी। उन्हें भूल जाएँ, लेकिन उनसे मिली सीख को हमेशा याद रखें। अगर आप ऐसा नहीं करेंगे, तो आप उनके लिए एक से ज़्यादा बार क़ीमत चुकाएँगे।

इस पर विचार करना

जब मैं बच्चा था और ओहियो के ग्रामीण इलाक़े में बड़ा हो रहा था, तो मैंने एक कृषि स्टोर में यह साइनबोर्ड लगा देखा था : "अगर आपको वह फ़सल पसंद नहीं है, जिसे आप काट रहे हैं, तो उस बीज की जाँच करें, जिसे आप बो रहे हैं।" हालाँकि यह बीजों का विज्ञापन था, लेकिन इसमें पते की बात कही गई थी।

आप किस प्रकार की फ़सल काट रहे हैं? क्या आपका जीवन और नेतृत्व हर दिन, हर महीने और हर साल बेहतर होता जा रहा है? या फिर आपको अपनी स्थिति को बरक़रार रखने के लिए ही लगातार जूझना पड़ रहा है? यदि आप अपने जीवन में उस जगह पर नहीं हैं, जहाँ आप इस समय तक पहुँचना चाहते थे, तो शायद आपमें सीखने की योग्यता नहीं है। आख़िरी बार कब आपने कोई चीज़ पहली बार की थी? आख़िरी बार आप कब किसी ऐसी चीज़ में गोता लगाकर ख़ुद को असुरक्षित स्थिति में ले आए थे, जिसमें आप माहिर नहीं थे? अगले कुछ दिनों या सप्ताहों के दौरान विकास करने और सीखने के प्रति अपने नज़रिए का अवलोकन करें, ताकि आपको यह पता चल सके कि आप कहाँ खड़े हैं।

इसे आत्मसात करना

अपनी सीखने की योग्यता को बेहतर बनाने के लिए निम्न कार्य करें :

* *देखें कि आप ग़लतियों पर किस तरह प्रतिक्रिया करते हैं।* क्या आप अपनी ग़लतियाँ स्वीकार कर लेते हैं ? क्या आप उनके लिए माफ़ी माँगते हैं ? या फिर आप अपनी रक्षा करने में जुट जाते हैं ? ख़ुद को ग़ौर से देखें। और किसी भरोसेमंद मित्र की राय लें। यदि आप बुरी तरह प्रतिक्रिया करते हैं- या आप कोई भी ग़लती नहीं करते हैं- तो आपको अपनी सीखने की योग्यता पर मेहनत करने की ज़रूरत है।

* *किसी नई चीज़ को आज़माएँ।* आज ही कोई अलग काम करें, जिससे आपका मानसिक, भावनात्मक या शारीरिक विस्तार हो। चुनौतियाँ हमें बदलकर बेहतर बनाती हैं। अगर आप सचमुच विकास करना चाहते हैं, तो नई-नई चुनौतियों को अपनी दैनिक गतिविधियों का हिस्सा बना लें।

* *अपनी शक्ति के क्षेत्र में सीखें।* हर साल नेतृत्व या अपनी विशेषज्ञता के क्षेत्र संबंधी छह से बारह पुस्तकें पढ़ें। जिस क्षेत्र में आप पहले से ही विशेषज्ञ हैं, उसमें सीखते रहने से आपमें जंग नहीं लगती है और इससे सीखने की योग्यता भी बनी रहती है।

दैनिक सबक़

अपनी तीसरी विश्व चैंपियनशिप जीतने के बाद बुल राइडर टफ़ हेडेमैन ने कोई बड़ा जश्न नहीं मनाया। वे नया सीज़न- और पूरी प्रक्रिया- दोबारा शुरू करने के लिए डेनवर चले गए। उनकी टिप्पणी थी : "साँड इस बात की परवाह नहीं करेगा कि मैंने पिछले सप्ताह क्या किया था।" चाहे आप नौसिखिए हों या सफल अनुभवी व्यक्ति, यदि आप कल चैंपियन बनना चाहते हैं, तो सीखने की योग्यता को अपने जीवन में आज ही उतार लें।

भविष्य-दृष्टि :
आप केवल उसे ही पकड़ सकते हैं, जिसे आप देख सकते हैं

महान लीडर के मन में भविष्य-दृष्टि को साकार करने का साहस पद से नहीं, जोश से आता है।

- जॉन सी. मैक्सवेल

भविष्य उन्हीं लोगों का है, जो संभावनाओं को स्पष्ट होने से पहले ही उन्हें देख सकें।

- जॉन स्कली,
पेप्सी और एप्पल कंप्यूटर के पूर्व सीईओ

कोई उखड़ा पेंट नहीं... सारे घोड़े कूदते हैं

वाल्ट डिज़नी बीसवीं सदी के महानतम स्वप्नदर्शियों में से एक थे। जो शख़्स पहला बोलता कार्टून, पहला रंगीन कार्टून और पहली एनिमेटेड फ़ीचर फ़िल्म बना सकता है, उसमें निश्चित रूप से भविष्य-दृष्टि तो होगी ही। लेकिन डिज़नी की भविष्य-दृष्टि की अनुपम कलाकृतियाँ हैं डिज़नीलैंड और वाल्ट डिज़नी वर्ल्ड। और इस भविष्य-दृष्टि की प्रेरणा उन्हें एक अप्रत्याशित जगह से मिली।

जब वाल्ट की दोनों बेटियाँ छोटी थीं, तो वे शनिवार की सुबह उन्हें लॉस एंजेलिस के एक एम्यूज़मेंट पार्क में ले जाते थे। लड़कियों और वाल्ट दोनों को इसमें मज़ा आता था। एम्यूज़मेंट पार्क बच्चों के लिए स्वर्ग जैसा था और वहाँ का माहौल बहुत बढ़िया था : पॉपकॉर्न तथा कॉटन कैंडी की ख़ुशबू, झूलों के विज्ञापन करने वाले रंग-बिरंगे साइन बोर्ड और रोलर कोस्टर के पहाड़ी से नीचे आते वक़्त बच्चों के चीख़ने की आवाज़ें।

वाल्ट डिज़नी को ख़ास तौर पर घोड़ों का एक झूला बहुत पसंद आया। जब वे उसके पास गए, तो उन्होंने रंगीन छवियों का झोंका देखा, जो तेज़ संगीत के साथ तेज़ी से घूम रहा था। लेकिन झूला रुकने के बाद जब वे उसके पास गए, तो उन्होंने पाया कि यह उनकी नज़रों का भ्रम था। उन्होंने देखा कि घोड़ों का पेंट उखड़ा हुआ था और केवल बाहरी क़तार वाले घोड़े ही ऊपर-नीचे होते थे। बाक़ी घोड़े फ़र्श पर बोल्ट से जकड़े हुए स्थिर खड़े रहते थे।

उनकी इस निराशा ने उन्हें एक बहुत भव्य तस्वीर देखने के लिए प्रेरित किया। अपने मन की आँख से उन्होंने एक ऐसे एम्यूज़मेंट पार्क को देखा, जहाँ भ्रम काफ़ूर नहीं होता था, जहाँ बच्चे और बड़े दोनों ही मेले के उल्लासपूर्ण माहौल का मज़ा ले सकते थे और जिसमें सर्कस या घुमंतू मेलों में पाई जाने वाली गंदगी भी नहीं थी। उनका सपना डिज़नीलैंड के रूप में साकार हुआ। जैसा लैरी टेलर ने *बी एन ऑरेंज* में कहा था, वाल्ट डिज़नी की भविष्य-दृष्टि को संक्षेप में इस तरह व्यक्त किया जा सकता है, "कोई उखड़ा पेंट नहीं। सारे घोड़े कूदते हैं।"

विस्तृत विवरण

भविष्य-दृष्टि लीडर के लिए सब कुछ है। यह बिलकुल अनिवार्य है। क्यों? क्योंकि भविष्य-दृष्टि ही लीडर को दिशा दिखाती है। यह उसके लक्ष्य में रंग भरती है। यह अंदर की आग को सुलगाती है तथा उसे ईंधन देती है और उसे आगे की ओर खींचती है। यह लीडर का अनुसरण करने वाले लोगों के मन में भी आग जगा देती है। आप मुझे बग़ैर भविष्य-दृष्टि वाला लीडर दिखा दें और मैं आपको एक ऐसा लीडर दिखा दूँगा, जो कहीं नहीं जा रहा है। सर्वश्रेष्ठ स्थिति में भी वह गोल-गोल घूम रहा होगा।

भविष्य-दृष्टि को समझने और एक अच्छे लीडर के जीवन में इसे शामिल करने के लिए निम्न बातों को समझ लें :

1. भविष्य-दृष्टि अंदर से शुरू होती है

जब मैं सम्मेलन में प्रशिक्षण देता हूँ, तो कभी-कभार कोई व्यक्ति मुझसे अनुरोध करता है कि मैं उसके संगठन के लिए एक भविष्य-दृष्टि दे दूँ। लेकिन मैं यह काम नहीं कर सकता। आप भविष्य-दृष्टि को ख़रीद नहीं सकते, माँग नहीं सकते या उधार नहीं ले सकते। यह तो भीतर से ही आती है। डिज़नी के लिए भविष्य-दृष्टि कभी समस्या नहीं रही। अपनी रचनात्मकता और उत्कृष्टता की चाह के कारण वे हमेशा यह देख सकते थे कि क्या किया जा सकता है।

यदि आपमें भविष्य-दृष्टि की कमी है, तो अपने अंदर झाँकें। अपनी नैसर्गिक प्रतिभा और इच्छाओं का लाभ लें। अगर आपका कोई प्रिय काम या व्यापार है, तो उस पर ग़ौर करें। और अगर इसके बाद भी आपको अपनी भविष्य-दृष्टि का अहसास न हो, तो किसी ऐसे लीडर के साथ जुड़ जाएँ, जिसकी भविष्य-दृष्टि आपसे मिलती-जुलती लग रही हो। उसके पार्टनर बन जाएँ। वाल्ट डिज़नी के भाई रॉय ने यही किया था। वे एक अच्छे व्यवसायी और लीडर थे, जो बड़े काम करवा सकते थे, लेकिन भविष्य-दृष्टि देने का काम वाल्ट का था। उनके एक साथ मिलकर काम करने से उनकी टीम बहुत शक्तिशाली बन गई।

2. भविष्य-दृष्टि आपके इतिहास से निकलती है

भविष्य-दृष्टि कोई रहस्यमयी योग्यता नहीं है, जो निर्वात से बाहर निकलती हो, हालाँकि कुछ लोग ऐसा ही मानते हैं। यह तो लीडर के अतीत और उसके आस-पास के लोगों के इतिहास से विकसित होती है। यह डिज़नी के मामले में सच था। और यह सभी लीडर्स के मामले में भी सच है। किसी लीडर से बात करने पर आपको पता चल जाएगा कि उसके अतीत की कुछ प्रमुख घटनाओं ने उसकी भविष्य-दृष्टि के निर्माण में सहायता की थी।

3. भविष्य-दृष्टि दूसरों की आवश्यकताओं से जुड़ती है

सच्ची भविष्य-दृष्टि दूर तक जाती है। यह किसी एक व्यक्ति द्वारा हासिल की जा सकने वाली उपलब्धियों से परे जाती है। अगर यह सचमुच महत्त्वपूर्ण होती है, तो इसमें दूसरे लोग भी जुड़ जाते हैं। लेकिन यह दूसरों को *जोड़ने* से कहीं अधिक करती है; *यह उनके मूल्य को भी बढ़ाती है*। यदि आपकी भविष्य-दृष्टि दूसरों की सेवा नहीं करती है, तो शायद यह बहुत छोटी है।

4. भविष्य-दृष्टि संसाधन जुटाने में आपकी मदद करती है

भविष्य-दृष्टि के सबसे मूल्यवान लाभों में से एक यह है कि यह चुंबक की तरह काम करती है- लोगों को आकर्षित करती है, उन्हें चुनौती देती है और एक सूत्र में बाँधती है। यह धन और अन्य संसाधनों को भी खींच लेती है। भविष्य-दृष्टि जितनी ज़्यादा बड़ी होती है, उसमें उतने ही अधिक विजेताओं को आकर्षित करने की क्षमता होती है। भविष्य-दृष्टि जितनी ज़्यादा चुनौतीपूर्ण होती है, इसे हासिल करने के लिए लोगों को उतनी ही कड़ी मेहनत करनी होती है। पोलेरॉइड के संस्थापक एडविन लैंड ने सलाह दी थी, "आप जो पहली चीज़ करते हैं, वह है व्यक्ति को यह महसूस कराना कि भविष्य-दृष्टि बहुत महत्त्वपूर्ण और लगभग असंभव है। इससे विजेताओं को ज़बरदस्त प्रेरणा मिलती है।"

इस पर विचार करना

भविष्य-दृष्टि आती कहाँ से है? नेतृत्व के लिए अनिवार्य भविष्य-दृष्टि खोजने के लिए आपको अच्छा श्रोता बनना होगा। आपको बहुत सी आवाज़ों को सुनना होगा।

अंदर की आवाज़

जैसा मैं पहले ही कह चुका हूँ, भविष्य-दृष्टि अंदर से शुरू होती है। क्या आप अपने जीवन का उद्देश्य जानते हैं? कौन सी चीज़ आपके हृदय के तार झनझना देती है? आप किसके सपने देखते हैं? आप जीवन में जिस चीज़ का पीछा कर रहे हैं, अगर वह आपके अस्तित्व और गहरे विश्वास से निकली अंदरूनी इच्छा का परिणाम नहीं है, तो आप उसे कभी हासिल नहीं कर पाएँगे।

नाख़ुश आवाज़

महान विचारों की प्रेरणा कहाँ से मिलती है? इस बात पर ग़ौर करने से कि क्या कारगर *नहीं* है। *यथास्थिति* से असंतुष्ट होना भविष्य-दृष्टि के लिए बहुत बड़े उत्प्रेरक का काम करता है। क्या आप आत्मसंतुष्टि से हाथ पर हाथ धरकर बैठे हुए हैं? या फिर आप अपने संसार को बदलने के लिए बेताब हैं? इतिहास में कोई भी महान लीडर परिवर्तन को रोकने के लिए कभी नहीं लड़ा।

सफल आवाज़

कोई भी महान चीज़ों को अकेला हासिल नहीं कर सकता। व्यापक भविष्य-दृष्टि को साकार करने के लिए आपको एक अच्छी टीम चाहिए होती है। लेकिन आपको किसी ऐसे व्यक्ति की अच्छी सलाह की भी ज़रूरत होती है, जो नेतृत्व की यात्रा में आपसे आगे हो। यदि आप महानता तक दूसरों का नेतृत्व करना चाहते हों, तो एक मार्गदर्शक ढूँढ़ लें। क्या आपका कोई सलाहकार है, जो आपकी भविष्य-दृष्टि को पैना करने में आपकी मदद कर सके?

उच्चतर आवाज़

हालाँकि यह सच है कि आपकी भविष्य-दृष्टि अंदर से आनी चाहिए, लेकिन आपको अपनी सीमित क्षमताओं द्वारा इसे सीमित नहीं करना चाहिए। सचमुच मूल्यवान भविष्य-दृष्टि में ईश्वर का होना अनिवार्य है। केवल वही आपकी संपूर्ण क्षमताओं को जानता है। क्या आपने अपनी भविष्य-दृष्टि की खोज में अपने परे देखा है, अपने खुद के जीवनकाल के भी परे ? यदि आपने ऐसा नहीं किया है, तो शायद आप अपनी सच्ची संभावना को चूक रहे हैं और जीवन के सर्वश्रेष्ठ उपहारों से वंचित रह रहे हैं।

इसे आत्मसात करना

अपनी भविष्य-दृष्टि को बेहतर बनाने के लिए निम्न कार्य करें :

* *खुद को तौलें।* यदि आपने पहले अपने जीवन की भविष्य-दृष्टि के बारे में सोचा है और इसे व्यक्त किया है, तो इस बात का आकलन करें कि आप इसे कितनी अच्छी तरह कर पा रहे हैं। कुछ प्रमुख लोगों से बातचीत करें, जैसे अपने जीवनसाथी, क़रीबी मित्रों और प्रमुख कर्मचारियों से। उनसे कहें कि वे आपकी भविष्य-दृष्टि को अपने शब्दों में व्यक्त करें। यदि वे इसे व्यक्त कर सकते हैं, तो शायद *आप* इसे जी रहे हैं।

* *इसे लिख लें।* अगर आपने अपनी भविष्य-दृष्टि के बारे में सोचा तो है, लेकिन उसे कभी लिखा नहीं है, तो आज ही इस काम के लिए समय निकालें। लिखने से आपकी सोच स्पष्ट होती है। जब आप इसे लिख लें, तो फिर यह मूल्यांकन करें कि क्या यह सर्वश्रेष्ठ जीवन के लायक़ है। और फिर अपनी पूरी ताक़त से इसका पीछा करने में जुट जाएँ।

* *आत्मा की जाँच करें।* यदि आपने भविष्य-दृष्टि पर ज़्यादा काम नहीं किया है, तो इसके बारे में सोचने में कुछ सप्ताह या महीने लगाएँ। यह विचार करें कि कौन सी चीज़ आत्मा के स्तर पर आपको प्रभावित करती है।

किस चीज़ से आपकी आँखों में आँसू आ जाते हैं ?————————

किस चीज़ से आप सपने देखने लगते हैं ?————————

किस चीज़ से आपको ऊर्जा मिलती है ?————————

इस बारे में भी सोचें कि आप अपने आस-पास के संसार में क्या परिवर्तन देखना चाहेंगे। आप ऐसा क्या देख सकते हैं, जो इस वक़्त तो नहीं है- लेकिन भविष्य में हो सकता है ? जब आपके विचार ज़्यादा स्पष्ट होने लगें, तो उन्हें लिख लें और उनके बारे में अपने मार्गदर्शक से बात करें।

दैनिक सबक़

रॉबर्ट वुडरफ़ 1923 से 1955 तक कोका-कोला के प्रेसिडेंट रहे। उस दौरान वे चाहते थे कि कोका-कोला हर अमेरिकी सैनिक को दुनिया में किसी भी जगह केवल पाँच सेंट में मिल सके, चाहे कंपनी को उसे वहाँ तक पहुँचाने में कितनी ही लागत आए। बहुत साहसिक लक्ष्य! लेकिन यह उस बड़ी तस्वीर की तुलना में कुछ भी नहीं था, जो वे अपने मन की आँख से देख सकते थे। वे चाहते थे कि उनके जीवनकाल में *संसार* का हर व्यक्ति कोका-कोला का स्वाद चख ले। जब आप भविष्य-दृष्टि के लिए अपने हृदय और आत्मा में गहराई तक झाँकते हैं, तो *आपको क्या नज़र आता है* ?

निष्कर्ष

मुझे आशा है कि आपको यह पुस्तक पढ़ने में मज़ा आया होगा। मुझे यह भी आशा है कि हर अध्याय में दिए गए इसे आत्मसात करना खंड का अभ्यास करने से आपको फ़ायदा भी हुआ होगा। पूरी पुस्तक के अध्याय इस तरह तैयार किए गए हैं, ताकि आप हर गुण को आत्मसात कर सकें और अपने जीवन में व्यक्तिगत सुधार की सतत प्रक्रिया शुरू कर सकें।

मैं आपको लीडर के रूप में निरंतर विकास करने के लिए प्रोत्साहित करता हूँ। समय-समय पर इस पुस्तक की समीक्षा करके यह आकलन करते रहें कि आपका विकास किस तरह हो रहा है। और एक नियमित योजना भी बनाएँ, जहाँ आप लगातार ऐसी पुस्तकें पढ़ें, टेप्स सुनें और सम्मेलनों में हिस्सा लें, जिनसे स्व-विकास में मदद मिलती है।

मैं आपको प्रोत्साहित करता हूँ कि आप दूसरे लीडर्स खोजें, जो आपको या तो आमने-सामने या फिर पुस्तकों और टेप्स के माध्यम से मार्गदर्शन दें। लोग जिस तरह के लीडर का अनुसरण करना चाहते हैं, वैसा लीडर बनने का एकमात्र तरीक़ा यही है कि आप विकास करते रहें और नेतृत्व कला के बारे में सीखते रहें। मेरी हार्दिक शुभकामना यही है कि आपकी यात्रा सफल हो।

लेखक के बारे में

जॉन सी. मैक्सवेल अंतराष्ट्रीय ख्याति-प्राप्त लीडरशिप विशेषज्ञ, वक्ता और लेखक हैं, जिनकी पुस्तकों की 1.3 करोड़ से अधिक प्रतियाँ बिक चुकी हैं। उनके संगठनों ने दुनिया भर में 20 लाख से अधिक लीडर्स को प्रशिक्षित किया है। डॉ. मैक्सवेल इक्विप और इनजॉय स्टीवर्डशिप सर्विसेस के संस्थापक हैं। हर वर्ष वे फ़ॉरचून 500 कंपनियों और विश्व भर के शासकीय अधिकारियों के सामने भाषण देते हैं। यही नहीं, अमेरिका की मिलिट्री अकेडमी, नेशनल फ़ुटबॉल लीग और राष्ट्रसंघ के राजदूतों को भी संबोधित करते हैं। *न्यूयॉर्क टाइम्स, वॉल स्ट्रीट जर्नल* और *बिज़नेस वीक* के बेस्टसेलिंग लेखक मैक्सवेल को लीडरशिपगुरुज़डॉटनेट ने विश्व का शीर्ष नेतृत्व गुरु कहा है। वे उन 25 लेखकों और कलाकारों में भी शामिल हैं, जिन्हें अमेज़ॉन डॉट कॉम ने 10वीं वर्षगाँठ के हॉल ऑफ़ फेम में चुना है। उनकी तीन पुस्तकों, *द 21 इररिफ़्यूटेबल लॉज़ ऑफ़ लीडरशिप, डेवलपिंग द लीडर विदिन यू* और *द 21 इनडिस्पेंसेबल क्वालिटीज़ ऑफ़ अ लीडर* में से प्रत्येक की दस लाख से अधिक प्रतियाँ बिक चुकी हैं।

9 788183 222631